Friedrich Nietzsche

mit Selbstzeugnissen
und Bilddokumenten
dargestellt von
Ivo Frenzel

bildmono
rororo
graphien

Rowohlt

Dieser Band wurde eigens für «rowohlts monographien» geschrieben
Den Anhang besorgte der Autor
Herausgeber: Kurt Kusenberg · Redaktion: Beate Möhring
Schlußredaktion: K. A. Eberle
Umschlaggestaltung: Werner Rebhuhn
Vorderseite: Friedrich Nietzsche mit seiner Mutter
(Bildarchiv Preußischer Kulturbesitz, Berlin)
Rückseite: Friedrich Nietzsche als Feldartillerist in Naumburg, Herbst 1868
(Rowohlt-Archiv, Reinbek bei Hamburg)

Veröffentlicht im Rowohlt Taschenbuch Verlag GmbH,
Reinbek bei Hamburg, Juni 1966
Copyright © 1966 by Rowohlt Taschenbuch Verlag GmbH,
Reinbek bei Hamburg
Alle Rechte an dieser Ausgabe vorbehalten
Gesetzt aus der Linotype-Aldus-Buchschrift
und der Palatino (D. Stempel AG)
Gesamtherstellung Clausen & Bosse, Leck
Printed in Germany
1290-ISBN 3 499 50115 5

27. Auflage. 164.–168. Tausend Januar 1995

Inhalt

1882

ERZIEHUNG EINES GENIES

Beurteilt man die Bedeutung eines Philosophen nach der Wirkung, die seine Werke auf die Nachfahren haben, so steht Friedrich Nietzsche ebenbürtig neben Hegel, Marx, Kierkegaard und Schopenhauer – er ist einer der wenigen großen Denker des 19. Jahrhunderts, die ihrer Zeit weit voraus waren und ohne die das 20. Jahrhundert nicht geworden wäre, was es ist. Die Wirkungsgeschichte von Nietzsches Werk setzt spät ein. Der geistig Umnachtete hat den wachsenden Ruhm, der seinen Schriften schließlich zuteil ward, nicht mehr erlebt; die Saat seiner Gedanken aber hat erst nach seinem Tode, im Bösen wie im Guten, ihre erstaunlichen Früchte gezeitigt. Gemessen an dieser Wirkung war Nietzsches Leben kaum bedeutend: wenige Jahrzehnte eines Gelehrtendaseins, das von Anfang an etwas Außenseiterisches hatte und das unter dem Signum stand, einsam und unverstanden zu sein. Keine Tat steigerte und bestimmte dieses Leben, und keine wirklichen äußeren Ehren begleiteten es. So scheint Nietzsche recht zu haben, wenn er in *Ecce Homo* schreibt:
Das eine bin ich, das andere sind meine Schriften.
Die vielfachen Interpretationen dieser Schriften aber zeigen alle Stadien zwischen blinder Verehrung und erbitterter Kritik. Reine Werkanalyse ist zweifellos möglich, sie hat auch zu einer Reihe bedeutender Studien geführt. Aber die philosophischen Probleme, die so oft ein unpersönliches Eigenleben zu führen scheinen, haben im Falle Nietzsches stets einen ganz persönlichen Grund, der im Leben dieses Mannes nachweisbar ist. Selten hat ein Denker so selbstbezogen philosophiert wie er; die emphatische Subjektivität seiner Behauptungen und Prognosen erinnert an die von Religionsstiftern und Propheten. Die Werke von Aristoteles, Kant und Hegel sind auch zu begreifen ohne eine Schilderung des Lebens dieser Denker. Anders ist es bei Nietzsche: die Lektüre seiner Schriften führt zwangsläufig immer wieder zur Begegnung mit höchst persönlichen und privaten, nur aus der jeweiligen Situation verständlichen Gedanken des Autors. Die Kenntnis der Lebensumstände Nietzsches ist deshalb ein wichtiger Schlüssel zum Verständnis seiner sich wandelnden Lehren. Der Satz aus dem *Ecce Homo*, demzufolge Person und Werk zu trennen seien, gehört wohl eher in die Reihe jener Selbstbekenntnisse, die häufig nur beweisen, wie sehr Menschen bei Aussagen über sich selbst zu irren vermögen. Es gibt unter den großen Denkern des Abendlandes wenige, bei denen so wie bei Nietzsche Person und Werk zusammengesehen werden müssen, weil sie sich gegenseitig erhellen.

Das Geburtshaus in Röcken bei Lützen

DAS ELTERNHAUS

Nietzsches Elternhaus war ein Hort protestantischer Frömmigkeit, durch Generationen war die Familie dem lutherischen Glauben verbunden: geachtet, gottesfürchtig, rechtschaffen und provinziell, verkörperte sie alle Tugenden und Überzeugungen des deutschen Pfarrhauses, von denen ihr begabtester Sproß sich im Laufe seines Lebens so weit und nachdrücklich entfernen sollte. Schon der Großvater väterlicherseits, Friedrich August Ludwig Nietzsche, brachte es zum Superintendenten und war ein rühriger Gottesmann. 1796, als Kants Kritizismus und westliches Freigeistertum im Gefolge der Französischen Revolution deutsche Gemüter verschrecken mochten, schrieb er ein Buch mit dem Titel: «Gamaliel oder über die immerwährende Dauer des Christenthums, zur Belehrung und Beruhigung bey der gegenwärtigen Gährung in der theologischen Welt», und 1804 hieß eine seiner Schriften «Beyträge zur Beförderung einer vernünftigen Denkensart über Religion, Erziehung, Unterthanenpflicht und Menschenleben». Was der Enkel verachtungsvoll zerstörte, war dem

Großvater unbezweifelbarer und schutzwürdiger Besitz. Nach dem Tode seiner Frau, die ihm sieben Kinder hinterließ, heiratete er eine junge Witwe, die auch aus einer Pfarrersfamilie kam. Dieser zweiten Ehe entstammen drei weitere Kinder: zunächst zwei Mädchen, die später als Tante Auguste und Tante Rosalie in Nietzsches Elternhaus eine teilweise dominierende Rolle spielen sollten, schließlich noch ein Sohn, Carl Ludwig, Nietzsches Vater. Von den sieben Stiefgeschwistern aus erster Ehe bleibt bemerkenswert, daß eines von ihnen in England zu Wohlstand kam und der Familie ein Vermögen vererbte. Diesem Umstand verdankte es Nietzsche, daß er später, wohin ihn auch immer sein Schicksal treiben mochte, nie Angst vor materieller Not zu haben brauchte.

Nietzsches Vater, 1813 geboren, war zunächst Hauslehrer, dann Erzieher der Töchter des Herzogs zu Altenburg; später erhielt er auf Weisung Friedrich Wilhelms IV. von Preußen die Pfarrstelle des Dorfes Röcken bei Lützen im preußischen Sachsen. Dorthin zog er mit seinen beiden unverheirateten Schwestern, mit Auguste, die den Haushalt leitete, und Rosalie, die christliche Wohlfahrtseinrichtungen förderte. Diesem häuslichen Regiment altjüngferlicher Schwägerinnen hatte sich Nietzsches Mutter zu unterwerfen. Sie war die jüngste Tochter des im sächsischen Pobles ansässigen Landpfarrers Oehler und bei ihrer Hochzeit mit Carl Ludwig Nietzsche im Jahre 1843 siebzehn Jahre alt. Im Jahre darauf, am 15. Oktober 1844, wurde den jungen Pfarrersleuten zu Röcken ein Knabe geboren, just am Geburtstag des preußischen Königs, der sich dem Vater gegenüber als so wohltätig erwiesen hatte.

Dieser Vater war ein zwar musischer, aber wohl auch sehr schwärmerischer, weichherziger Mann, für dessen Hang zum Sentimentalen die Rede zur Taufe seines Sohnes bezeichnend ist: «Du gesegneter

Die Eintragung des Pfarrers Nietzsche im Kirchenbuch
über Geburt und Taufe seines Sohnes

Der Vater: Carl Ludwig Nietzsche

Monat Oktober, in welchem mir in den verschiedenen Jahren alle die wichtigsten Ereignisse meines Lebens geschehen sind, das, was ich heute erlebe, ist doch das Größte, das Herrlichste, mein Kindlein soll ich taufen! Oh seliger Augenblick, oh köstliche Feier, oh unaussprechlich heiliges Werk, sei mir gesegnet im Namen des Herrn! – Mit tiefbewegtem Herzen spreche ich es aus: So bringt mir denn mein liebes Kind, daß ich es dem Herrn weihe. Mein Sohn, Friedrich Wilhelm, so sollst Du genennet werden auf Erden, zur Erinnerung an meinen königlichen Wohltäter, an dessen Geburtstag Du geboren wurdest.»

Friedrich Wilhelm, mit Rufnamen Friedrich oder familiär auch Fritz genannt, sollte noch zwei Geschwister bekommen. 1846 wurde die Schwester Elisabeth geboren, 1848 ein Bruder, Joseph, der aber, gerade zweijährig, wenige Monate nach dem Tode des Vaters starb. Das Unglück begann im August 1848, als der Vater sich als Folge eines Sturzes eine Gehirnerkrankung zuzog, der er elf Monate später erliegen sollte. Nietzsche war noch nicht fünf Jahre alt, als er seinen Vater verlor. Fortan wuchs er in einer ausschließlich von Frauen beherrschten, häuslichen Welt auf: Großmutter, zwei Tanten, die junge Mutter und die Schwester bestimmten das Klima. Die eigenwillige Großmutter Nietzsches veranlaßte wohl auch im April 1850, als das Röckener Pfarrhaus aufgegeben werden mußte, den Umzug der Familie nach Naumburg an der Saale, wo die alte Dame vor ihrer Ehe gelebt hatte und im Kreise alter Freunde Hof halten konnte.

Bei aller Biederkeit ermangelte die Familie aber nicht einer gewissen weltläufigen Lebensart. Nietzsches Vater besaß ein erhebliches musikalisches Talent, er komponierte selbst, wußte vortrefflich auf dem Klavier zu improvisieren und war in höfischen Kreisen wohlgelitten. Großvater Oehler aber, der sich um eine große Familie zu plagen hatte, liebte die Jagd, das Kartenspiel, die Musik und förderte Liebhaberbühnen. Insgesamt war die Familie stolz auf ihre Traditionen und Eigenarten und schuf sich sogar ihre eigene Legende: besonders die Tanten Auguste und Rosalie pflegten zu erzählen, daß es unter den Vorfahren einen edlen polnischen Grafen gegeben habe, der sein Heimatland um seines Glaubens willen verlassen mußte. Dieses angebliche Erbteil an Adel und fremdem Blut schien die Nietzsches in ihren Augen über ihre bäurisch-provinzielle Umgebung hinaus zu erheben. Die Geschichte war nicht beweisbar, aber sie verlieh der Familie das Bewußtsein einer Besonderheit, welches sich früh auch auf den jungen Fritz übertrug, ihn nie wieder verließ und in vielen späteren Selbstzeugnissen seinen Ausdruck finden sollte.

Die Mutter: Franziska Nietzsche,
geb. Oehler

DAS SCHULKIND

Nietzsche hat uns selbst berichtet, wie hart ihn der Umzug vom ländlichen Pfarrhaus in die Enge der Naumburger Stadtwohnung ankam. Das Kind hatte in einer nun plötzlich als feindlich erlebten Umwelt Schwierigkeiten, die sich noch steigerten, als der Knabe auf Geheiß der Großmutter die städtische Bürgerschule zu Naumburg besuchen sollte. Nietzsche versagte in der rauhen Welt derer, die seine Spielkameraden werden sollten und mit denen er sich nicht anfreunden konnte. Erst in einer privaten Anstalt, die Kinder für das Domgymnasium vorbereitete, schien es ihm besser zu gehen. Dort gewann Nietzsche auch seine ersten Freunde: Wilhelm Pinder und Gustav Krug, Juristensöhne aus dem Bekanntenkreis der Großmutter. Mit ihnen zusammen trat Nietzsche im Alter von acht Jahren in das Domgymnasium ein. Er tat sich nicht leicht in der Schule, das Lernen von Regeln und jedes Sich-fügen-Müssen waren ihm im Grunde zuwider. Doch zeigte sich die große Begabung des sensiblen Kindes schon in dieser Zeit.

Die künstlich und geziert wirkende Atmosphäre im Naumburger Familienkreis mit dessen hohen religiösen und moralischen Ansprüchen brachte es mit sich, daß der junge Friedrich Nietzsche wenig an den unbefangenen Spielen anderer Kinder teilhatte und sich schon

Das Haus am Weingarten Nr. 18 in Naumburg

früh auf gelehrte Weise schreibend die Zeit vertrieb. Mit zehn Jahren komponierte er eine Motette und schrieb immerhin schon fünfzig Gedichte. Ohne Anlehnung an Vorbilder bemühte er sich um großartige Naturszenen, versuchte Seestürme und Feuersbrünste metrisch zu bezwingen. Vier Jahre später, 1858, begann er sein Tagebuch mit einer überaus altklugen Autobiographie. Faszinierend sind diese Blätter des Vierzehnjährigen noch heute zu lesen: neben allem kindlichen Geschwätz, mit dem er sein bisheriges Leben in der Familie schildert, bricht die eminente sprachliche Fähigkeit durch, stehen selbstkritische Gedanken von einer Hellsicht, die den künftigen Nietzsche verrät. So etwa, wenn er über die vier Jahre zurückliegenden lyrischen Versuche des Zehnjährigen schreibt: *Auch fallen in diese Zeit meine ersten Gedichte. Das, was man in diesen ersten zu schildern pflegt, sind gewöhnlich Naturszenen. Wird doch jedes jugendliche Herz von großartigen Bildern angeregt, wünscht doch jedes diese Worte am liebsten in Verse zu bringen! Grauenhafte Seeabenteuer, Gewitter mit Feuer waren der erste Stoff ... Ich hatte keine Vorbilder, konnte kaum mir denken, wie man einen Dichter nachahme, und formte sie, wie die Seele sie mir eingab. Freilich entstanden da auch sehr mißlungene Verse und fast jedes Gedicht hatte sprachliche Härten, aber diese erste Periode war mir dennoch bei weitem lieber als die zweite, die ich erwähnen will. Überhaupt war es stets mein Vorhaben, ein kleines*

Buch zu schreiben und es dann selbst zu lesen. Diese kleine Eitelkeit habe ich jetzt immer noch; aber damals blieben es immer nur Pläne, selten wurde ein Anfang gemacht. Da ich Reim und Versmaß nicht sehr in meiner Gewalt hatte und es mir auch zu langsam vonstatten ging, machte ich reimlose Verse und ich besitze noch mehrere solche Gedichte. In dem einen wollte ich die Vergänglichkeit des Glücks schildern und ließ deshalb einen Wandrer unter Karthagos Trümmern schlummern. Der Traumgott mußte seiner Seele jener Stadt einstiges Glück vorführen. Dann kamen die Schicksalsfälle und endlich – erwachte er. Noch manches Gedicht habe ich aus der Zeit, die aber auch alle durchgehend keinen Funken von Poesie in sich tragen. Und wenige Seiten später: Ein gedankenleeres Gedicht, das mit Phrasen und Bildern überdeckt ist, gleicht einem rotwangigen Apfel, der im Innern den Wurm hat. Redensarten müssen in einer Dichtung vollständig fehlen; denn der häufige Gebrauch von Phrasen zeugt von einem Kopf, der nicht fähig ist, selbst etwas zu schaffen.

In dieser Selbstdarstellung steckt aber nicht nur die gekünstelte Artigkeit des Musterknaben, der von frömmelnden, selbstgerechten Frauen erzogen wird und sich mit greisenhaft anmutender Geste eine kleine Eitelkeit, die er immer noch habe, eingesteht und damit selbstgönnerisch verzeiht. Es stecken darin auch schon Sensibilität, gesteigerte Beobachtungsgabe und Töne jenes wilden, herrischen Zwanges, etwas Eigenes schaffen zu wollen. Auch das Verhältnis zur Musik, wichtigstes väterliches Erbteil, ist früh und ausgeprägt entwickelt. Mozart und Haydn, Schubert und Mendelssohn, Beethoven, Bach und Händel sind die Bausteine seiner musikalischen Bildung in den Naumburger Jahren. Der «Zukunftsmusik» eines Berlioz oder Liszt steht der Knabe skeptisch gegenüber. Hier, bei der Musik, überhaupt in der Betrachtung der Kunst, fühlt sich Nietzsche wohl, wird er glücklich wie sonst nur in den Ferien bei den Großeltern Oehler in Pobles, wo es wohl weniger vornehm zuging als in Naumburg und er zusammen mit seiner Schwester in alten Kleidern wild in Feld und Garten herumtoben durfte.

Von solchen Ferienfreuden abgesehen aber entwickelte sich ein ernstes, nachdenkliches Kind, das sich in der Bibel gut auskannte und von rührender Frömmigkeit war, so daß Nietzsche später einmal schreiben konnte, er habe mit zwölf Jahren Gott in seinem ganzen Glanze gesehen. Den Vätern der Naumburger Freunde Wilhelm Pinder und Gustav Krug verdankte Nietzsche einiges, was ihm der zu früh gestorbene eigene Vater nicht mehr hatte geben können: Pinders Vater hatte große literarische Neigungen, durch ihn wurde Goethe den Jungen nahegebracht. Geheimrat Krug aber war nicht nur ein persönlicher Freund Mendelssohns und anderer Musiker der Zeit, er selbst komponierte und soll ein guter Virtuose gewesen sein. In beiden Häusern verkehrte Nietzsche gern und häufig, und so kam er durch die Väter der Freunde in einem für sein Alter ungewöhnlichen Maße mit Literatur und Musik in Berührung.

Die Freunde Wilhelm und Gustav bildeten zusammen mit Nietzsches Schwester Elisabeth einen Zirkel, dessen Mittelpunkt Nietzsche war. Von Pinder, der wohl in bewundernder Nachahmung ebenfalls als Vierzehnjähriger seine Autobiographie schrieb, wissen wir, wie der junge Fritz auf seine Freunde wirkte: «Er beschäftigte sich als kleiner Knabe mit mancherlei Spielen, die er selbst erdacht hatte, und dies zeugte von einem lebhaften, erfindungsreichen und selbständigen Geist. So leitete er auch alle Spiele, gab neue Methoden darin an...» Aber es heißt auch: «Von frühester Kindheit an liebte er die Einsamkeit und hing da seinen Gedanken nach, er mied gewissermaßen die Gesellschaft der Menschen und suchte die von der Natur mit erhabener Schönheit ausgestatteten Gegenden auf.» Und Elisabeth hat eine merkwürdige Äußerung festgehalten, die Nietzsche getan haben soll, als beide Ostern 1857 gute Schulzensuren erhalten hatten: «Als aber Fritz und ich... allein zusammen waren, fragte er mich, ‹ob es nicht merkwürdig sei, daß wir beide so gut lernten und manches wüßten, was andere Kinder nicht wüßten›.»

Selbst wenn man den Aufzeichnungen Pinders und der Schwester mit Vorsicht begegnen muß, verraten sie doch zusammen mit

Naumburg: Stadtmauer mit Marientor

Nietzsches Autobiographie, wie stark Eigentümlichkeiten im Denken und Verhalten Nietzsches bereits damals beim Kinde ausgeprägt waren. Das Bewußtsein des Andersseins und die Einsamkeit, das Zarathustra-Motiv, wenn man so will, das intensive Verhältnis zur Kunst, die Schwierigkeit, sich anzupassen, der Hang, einen kleinen Kreis Gleichgesinnter zu majorisieren, das feine Gefühl für die Sprache, selbst das später bei ihm so häufige Motiv des Wanderers, alles das ist mit den ersten Jugendschriften da. Das war die Verfassung des jungen Nietzsche, der sich, obwohl häufig kränkelnd, nun doch allmählich so sehr in der Schule auszeichnete, daß er für eine Freistelle in der berühmten Anstalt Schulpforta vorgeschlagen wurde. Der vierzehnjährige Nietzsche verließ Naumburg und ging im Oktober 1858 als Zögling nach Pforta. Dieses Ereignis brachte aber nicht nur eine äußere Wendung in Nietzsches Leben, es bedeutete zugleich das Ende seiner Kindheit, über die er in einem späteren Lebenslauf (1864) noch einmal schrieb:

Sicherlich hatte ich vortreffliche Eltern; und ich bin überzeugt, daß gerade der Tod eines so ausgezeichneten Vaters, wie er mir einer-

seits väterliche Hilfe und Leitung für ein späteres Leben entzog, and-
rerseits die Keime des Ernstes und Betrachtenden in meine Seele
legte.

Vielleicht war es nun ein Übelstand, daß meine ganze Entwick-
lung von da an von keinem männlichen Auge beaufsichtigt wurde,
sondern daß Neubegier, vielleicht auch Wissensdrang mir die mannig-
fachsten Bildungsstoffe in größter Unordnung zuführte, wie sie wohl
geeignet waren, einen jungen, kaum dem heimatlichen Nest entschlof-
fenen Geist zu verwirren und vor allem die Grundlagen für ein gründ-
liches Wissen zu gefährden. So kennzeichnet diese ganze Zeit vom
neunten bis zum fünfzehnten Jahre eine wahre Sucht nach einem
«Universalwissen», wie ich es zu nennen pflegte; auf der anderen
Seite wurde das kindliche Spiel nicht vernachlässigt, aber doch auch
mit fast doktrinärem Eifer betrieben, so daß ich z. B. über fast alle
Spiele kleine Büchlein geschrieben habe und sie meinen Freunden
zur Kenntnisnahme vorlegte. Durch einen besonderen Zufall aufge-
weckt, begann ich im neunten Jahre leidenschaftlich die Musik, und
zwar sogleich komponierend, wenn anders man die Bemühungen des
erregten Kindes, zusammenklingende und folgende Töne zu Papier
zu bringen und biblische Texte mit einer phantastischen Begleitung
des Pianoforte abzusingen, komponieren nennen kann. Desgleichen
machte ich entsetzliche Gedichte, aber doch mit größter Beflissenheit.
Ja, ich zeichnete sogar und malte.

Wie ich nach Pforte kam, hatte ich so ziemlich in die meisten Wis-
senschaften und Künste hineingeguckt und fühlte eigentlich für alles
Interesse, wenn ich von der allzu verstandesmäßigen Wissenschaft,
der mir allzu langweiligen Mathematik absehe. Gegen dieses plan-
lose Irren in allen Gebieten des Wissens empfand ich aber mit der
Zeit einen Widerwillen; ich wollte mich zu einer Beschränkung zwin-
gen, um einzelnes gründlich und innerlich zu durchdringen.

Nietzsche, der wohl eher flüchtig war, wenn es um die pedantische
Ausarbeitung mühseliger Einzelheiten ging, hatte diese Schwäche,
komplementäre Eigenschaft eines großzügigen Geistes, sehr wohl erkannt. Schulpforta und die Lehrer, die sich seiner dort annahmen,
kamen seinem Bestreben, sich zu einer «Beschränkung» zu zwingen,
auf das Vorteilhafteste entgegen und vermittelten ihm eine gründ-
liche humanistische, philologische Bildung.

SCHULPFORTA

Die ehemalige Zisterzienserabtei Schulpforta, unweit von Naumburg an der Saale gelegen, war eine traditionsreiche Schule von höchstem Niveau. Außer einer umfassenden klassischen Bildung richteten
sich die pädagogischen Bemühungen um die etwa zweihundert Schüler auf eine Formung des Charakters: Fleiß, Disziplin und ein wahrhaft spartanisches Leben galten als die wesentlichsten Tugenden der
Anstalt. Die Methoden waren streng, aber keineswegs schikanös, die

Brief des Fünfzehnjährigen an seine Mutter aus Schulpforta, 1859

Lehrer im ganzen wohl verständige, bisweilen hervorragende Persönlichkeiten. Dennoch hatte Nietzsche, wie schon während des unglücklichen Intermezzos auf der Bürgerschule, Anpassungsschwierigkeiten, die durch das Heimweh, welches die meisten Kinder beim Eintritt in ein Internat haben, nicht eben geringer wurden. Er lernte mit Eifer, schloß aber zunächst keine neuen Freundschaften. Die geistige Bewegungsfreiheit, die er zunächst bei der strengen Zucht in Pforta nicht hatte, suchte er jedoch jeweils in den Ferien zu Hause wiederzugewinnen: dort gründete er einen kleinen künstlerisch-literarischen Verein, die «Germania», der außer ihm freilich nur die alten Freunde Krug und Pinder angehörten. Die Statuten der Gesellschaft sahen vor, daß jedes der Mitglieder monatlich eine Arbeit zu liefern hatte, die man gegenseitig kritisieren wollte. Wichtig ist, daß die Freunde sich mit ihren wenigen Vereinsmitteln ein Abonnement der «Zeitschrift für Musik» leisteten und daß nicht zuletzt dadurch Nietzsches musikalischer Geschmack beeinflußt wurde: ihm, der bisher nur klassische Musik gelten ließ, wurde so die Kunst Richard Wagners nahegebracht. Schließlich wurde von den letzten Spargroschen der «Germania» ein Klavierauszug von «Tristan und Isolde» angeschafft.

Endlich aber schloß Nietzsche sich einem neuen Freund an, der durch viele Jahre hindurch ein Weggenosse auf Nietzsches geistiger Wanderschaft wurde: es war Paul Deussen, mit dem zusammen Nietzsche Ostern 1861 konfirmiert werden sollte. Deussen berichtet in seinen «Erinnerungen an Friedrich Nietzsche»: «Als die Konfirmanden paarweise zum Altar traten, um kniend die Weihe zu empfangen, da knieten Nietzsche und ich als nächste Freunde nebeneinander. Sehr wohl erinnere ich mich noch an die heilige, weltentrückte Stimmung, die uns während der Wochen vor und während der Konfirmation erfüllte. Wir wären ganz bereit gewesen, sogleich abzuscheiden, um bei Christo zu sein, und all unser Denken, Fühlen und Treiben war von einer überirdischen Heiterkeit überstrahlt.»

Bald jedoch schien Nietzsche Zweifel an der christlichen Religion zu bekommen; die glänzende logische und philologische Schulung in Pforta führte ihn zunächst wohl noch unvermerkt in eine kritische Distanz zum Glauben der Väter. Dieser Wandel trat nicht als plötzlicher Bruch auf und ging auf kein erkennbares inneres oder äußeres Erlebnis zurück; wir wissen weder von geistigen Qualen noch von einer katastrophalen Krise, die zum Zusammenbruch des Glaubens geführt hätten. Die Zweifel am Christentum und dessen völlige Ablehnung vollzogen sich allmählich und waren zunächst eher eine unbeabsichtigte Folge von Nietzsches Ausbildung, weshalb er später diesen Wandel wohl mit Recht als den Prozeß einer ruhigen und schmerzlosen Befreiung hinstellen konnte. Dem Verlust des Glaubens als dem vielleicht entscheidendsten Ereignis des werdenden Nietzsche korrespondiert kein wirklich bedeutender Umstand in seinem Leben.

Neben den antiken Autoren, deren Kenntnis die Schule auf das Gründlichste vermittelte, stand ihm in diesen Jahren die romantische Dichtung nahe. Jean Paul war ihm vertraut, größte Liebe und Verehrung hegte er aber für den in seiner Zeit nahezu unbekannten Hölderlin. Der *Brief an meinen Freund, in dem ich ihm meinen Lieblingsdichter zum Lesen empfehle* vom 19. Oktober 1861 ist ein vortreffliches Zeugnis für Nietzsches hohen literarischen Geschmack und für sein ausgezeichnetes Qualitätsgefühl:

Diese Verse (um nur von der äußeren Form zu reden) entquollen dem reinsten, weichsten Gemüt, diese Verse, in ihrer Natürlichkeit

und Ursprünglichkeit die Kunst und Formgewandtheit Platens verdunkelnd, diese Verse, bald im erhabensten Ordensschwung einherwogend, bald in die zartesten Klänge der Wehmut sich verlierend, diese Verse kannst du mit keinem anderen Wort beloben, als mit dem schalen, alltäglichen «Wohlgelungen»? ... Aber das Gesagte betraf vornehmlich nur die äußere Form; erlaube mir nun noch einige Worte über die Gedankenfülle Hölderlins anzufügen, die du als Verwirrtheit und Unklarheit zu betrachten scheinst. Wenn dein Tadel auch wirklich einige Gedichte aus der Zeit seines Irreseins trifft, und selbst in den früheren der Tiefsinn mit der einbrechenden Nacht des Wahnsinns ringt, so sind doch die bei weitem zahlreichsten derselben reine, köstliche Perlen unserer Dichtkunst überhaupt. Ich verweise nur auf Gedichte wie «Rückkehr in die Heimat», «der gefesselte Strom», «Sonnenuntergang», «der blinde Sänger», und führe dir selbst die letzten Strophen aus der «Abendphantasie» an, in dem sich die tiefste Melancholie und Sehnsucht nach Ruhe ausspricht.

Am Abendhimmel blühet ein Frühling auf;
. . . . .
. . . . .

In anderen Gedichten, wie besonders in dem «Andenken» und der «Wanderung», erhebt uns der Dichter zur höchsten Idealität, und wir fühlen mit ihm, daß diese sein heimatliches Element war. Endlich ist noch eine ganze Reihe von Gedichten bemerkenswert, in denen er den Deutschen bittere Wahrheiten sagt, die leider nur zu oft allzu begründet sind. Auch im «Hyperion» schleudert er scharfe und schneidende Worte gegen das deutsche «Barbarentum». Dennoch ist dieser Abscheu vor der Wirklichkeit mit der größten Vaterlandsliebe vereinbar, die Hölderlin auch wirklich in hohem Grade besaß. Aber er haßte in dem Deutschen den bloßen Fachmenschen, den Philister. – ... ich wünsche nur – und das betrachte als den Zweck meines Briefes – daß du durch denselben zu einer Kenntnisnahme und vorurteilsfreien Würdigung jenes Dichters bewogen würdest, den die Mehrzahl seines Volkes kaum dem Namen nach kennt.

Der Brief des Siebzehnjährigen verrät nicht nur die leidenschaftliche, suggestive Diktion, die Nietzsche immer eigen war, wenn er eine Sache verfocht, er liest sich nicht nur als eine Vorwegnahme der Entdeckung Hölderlins durch die Deutschen um mehr als fünf Jahrzehnte, er zeigt auch und vor allem Nietzsches enge Verwandtschaft mit dem Tübinger Dichter: das Verständnis für eine ungewöhnliche Sprache, für den romantischen Idealismus, für die von glühender Liebe getragene Kritik an den Deutschen, ja selbst für die Spannungen und Probleme der drohenden geistigen Umnachtung führt ihn zu einer engagierten Verteidigung Hölderlins. Alles scheint ihn bei diesem Dichter anzuziehen und vertraut zu sein, und alle Momente seiner Sicht Hölderlins liefern Indizien für Nietzsches eigene Weltauffassung und für sein Selbstverständnis. Hölderlin und Jean Paul,

Noch einmal eh ich weiterziehe
Und meine Blicke vorwärts sende,
Heb ich vereinsamt meine Hände
Zu dir empor, zu dem ich fliehe,
Dem ich in tiefster Herzenstiefe
Altäre feierlich geweihte
Daß allezeit
Mich deine Stimme wieder riefe.

Darauf erglüht tiefeingeschrieben
Das Wort: Dem unbekannten Gotte:
Sein bin ich, ob ich in der Frevler Rotte
Auch bis zur Stunde bin geblieben:
Sein bin ich — und ich fühl' die Schlingen,
Die mich im Kampf darniederziehn
Und, mag ich fliehn,
Mich doch zu seinem Dienste zwingen.

Ich will dich kennen, Unbekannter,
Du tief in meine Seele Greifender,
Mein Leben wie ein Sturm Durchschweifender,
Du Unfaßbarer, mir Verwandter!
Ich will dich kennen, selbst dir dienen.

Nietzsches Gedicht «Dem unbekannten Gotte», Frühherbst 1864

F. W. Nietzsche
1864.

1864

später Schopenhauer und Wagner: Nietzsche ist ein Kind der romantischen Epoche, ohne deren Vorstellungen unbegreifbar und zugleich einer ihrer Vollender und Überwinder.

Im letzten Schuljahr zu Pforta verfaßte Nietzsche eine größere lateinische Arbeit über Theognis von Megara, den Versuch einer Gesamtdarstellung des Menschen und seines Werkes. Das als Schulaufsatz begonnene Thema fesselte ihn so sehr, daß er es auch in seiner Studentenzeit noch weiter verfolgte. So zeichnete sich Nietzsche am Ende seiner Schulzeit als ein (von der Mathematik abgesehen) durchschnittlich guter Schüler bereits durch eine hervorstechende Leistung auf dem Gebiet der klassischen Philologie aus. Im Oktober 1864 aber schrieb sich Nietzsche gemeinsam mit Deussen und einigen anderen Schülern seines Jahrgangs aus Pforta als Student an der Universität Bonn ein.

BONN UND LEIPZIG

Die beiden Semester in Bonn waren für Nietzsche nicht sonderlich ersprießlich, sie brachten ihm zuerst in einem mehr äußerlichen Sinne die Begegnung mit der Welt der Alma mater, in deren Bannkreis nun für viele Jahre sein Lebensweg abgesteckt sein sollte. Für die Wahl Bonns als erstem Studienort hatte es verschiedene Gründe gegeben. Vor allem aber genoß die Universität damals einen internationalen Ruf auf dem Gebiet der klassischen Philologie. Friedrich Wilhelm Ritschl und Otto Jahn leiteten das philologische Seminar, dem eine Reihe hervorragender Gelehrter ihre Ausbildung verdankte. Nach der strengen Schuldisziplin in Pforta sah Nietzsche sich nun plötzlich in die weiteste und schönste aller Freiheiten versetzt, er hatte die Art und Weise seines Studiums selbst zu bestimmen. Neben der Altphilologie belegte er Vorlesungen über Kunst- und Kirchengeschichte, Theologie und Politik. Durch die in Schulpforta genossene Ausbildung schien er im übrigen ja auch zum Philologen bestimmt zu sein. Mit der aus früheren Autobiographien schon bekannten hellsichtigen Selbstkritik hat er darüber einmal gegen Ende seiner Studentenzeit reflektiert:

Ich verlangte nämlich nach einem Gegengewicht gegen die wechselvollen und unruhigen bisherigen Neigungen, nach einer Wissenschaft, die mit kühler Besonnenheit, mit logischer Kälte, mit gleichförmiger Arbeit gefördert werden könnte, ohne mit ihren Resultaten gleich ans Herz zu greifen. Das alles aber glaubte ich damals in der Philologie zu finden. Die Vorbedingungen zu deren Studium werden einem Pförtner Schüler geradezu an die Hand gegeben.

Philologie als Selbstschutz vor der eigenen romantischen Veranlagung – welch problematisches Unterfangen! Nietzsche sollte später daran scheitern, seine sich selbst auferlegte Neigung zur philologischen Strenge sollte sich in einen gegenteiligen Affekt verkehren.

Nietzsche hegte aber zu Beginn seines Studiums nicht nur diesen

Nietzsches Vertonung seines Jugendgedichtes «Junge Fischerin», 11. Juli 1865

Wunsch zur kühlen philologischen Besonnenheit, er war sich auch durchaus seiner bisherigen Kontaktschwäche bewußt und hatte deshalb den Vorsatz, Welt und Menschen, die er bisher nur vom Hörensagen und aus Büchern kannte, kennenzulernen und zu verstehen. So wird sein Eintritt in die Burschenschaft «Franconia» verständlich. Dennoch schien für Nietzsche selbst wie auch seiner Familie gegenüber dieser Schritt einer Erklärung zu bedürfen. Die studentischen Verbindungen hatten damals schon ihr klares politisches Profil verloren, ihr Charakter war vornehmlich nur gesellschaftlicher Art. So schrieb er an Mutter und Schwester in einem fast entschuldigenden Ton am 24./25. Oktober 1864 aus Bonn:

Nun, ich sehe schon, wie Ihr auf höchst merkwürdige Weise den Kopf schüttelt und einen Ausruf der Verwunderung von Euch gebt. Es ist auch wirklich viel Wunderbares mit diesem Schritt verbunden, und so kann ich es Euch nicht übelnehmen. Z. B. traten fast zu gleicher Zeit sieben Pförtner der Franconia bei, und zwar außer zweien sämtliche Pförtner, die sich in Bonn zusammenfanden, darunter viele, die schon im vierten Semester stehen. Ich nenne Euch einige, die Ihr kennen werdet: Deussen, Stöckert, Haushalter, Töpelmann, Stedefeldt, Schleußner, Michael und mich selbst.

Natürlich habe ich mir den Schritt reiflichst überlegt und ihn in Anbetracht meiner Natur fast für notwendig erachtet. Wir sind alle zum größten Teil Philologen, zugleich alle Musikliebhaber. Es herrscht im allgemeinen ein sehr interessanter Ton in der Franconia, die alten Leute haben mir prächtig gefallen.

Das Unbehagen, das in einer für Nietzsche so ungewohnt matten Wendung wie *interessanter Ton* mitschwingt, deutet aber schon an, daß Nietzsche dieser in Anbetracht seiner Natur fast notwendige Schritt doch nicht recht geheuer war. Tatsächlich fühlte er sich von dem oberflächlichen Treiben in der Burschenschaft bald eher angewidert als angezogen, wenngleich ihm mancherlei Feste, Tanzereien und Damenbekanntschaften zunächst sichtlich behagten. Auch im Fechten und in der Mensur hat er sich versucht. Aber es wundert nicht, wenn er binnen Jahresfrist mit einem überaus höflichen und geziemenden Schreiben seinen Austritt aus der «Franconia» vollzog. So wenig wie während seiner Schulzeit konnte er an den Vergnügungen gewöhnlicher Menschen auf die Dauer Gefallen finden. Später, als junger Dozent in Basel, sollte er diese Erfahrung erneut machen. Auch sein Bericht über seine Teilnahme an dem großen mehrtägigen Musikfest in Köln zeigt, daß ihm bei aller *unnachahmlicher Begeisterung*, mit der er singend und trinkend an den Veranstaltungen teilnahm, laute Geselligkeit und der Trubel vieler Menschen nicht lag. Gegen Ende des ersten Semesters schreibt er an seine Familie: *Ich gelte hier in studentischen Kreisen etwas als musikalische Autorität und außerdem als sonderbarer Kauz ... Ich bin durchaus nicht unbeliebt, ob ich gleich etwas mokant bin und für satirisch gelte. Diese Selbstcharakteristik aus dem Urteile anderer Leute wird Euch nicht uninteressant sein. Als eigenes Urteil kann ich hinzufügen, daß ich das erste nicht gelten lasse, daß ich oft nicht glücklich bin, zu viel Launen habe und gern ein wenig Quälgeist bin, nicht nur für mich selbst, sondern auch für andere.*

Das sind die Worte eines jungen Mannes, der keineswegs mit sich

Friedrich Wilhelm Ritschl

zufrieden ist. Auch die Musik, wie Nietzsche sie verstand und betrieb, verband ihn nicht mit den übrigen in der «Franconia» Korporierten. An deren Trinkliedern fand er nur vorübergehendes Gefallen. Während des ersten Semesters vertonte er Gedichte von Chamisso und Petöfi in einer sehr an Schumann erinnernden Manier.

Auch mit den Studien ging es nicht recht voran. Die theologischen Vorlesungen förderten eher den wachsenden Zweifel am Christentum. Schon als Schüler hatte Nietzsche zum Entsetzen seiner Familie das «Leben Jesu» von Strauß gelesen. Diese Anregung wirkte fort: Nietzsche begann jetzt, sich der Quellenkritik des Neuen Testaments zuzuwenden. Die altphilologischen Studien aber waren überschattet durch ein Zerwürfnis seiner Lehrer Ritschl und Jahn, das innerhalb der Universität skandalartige Ausmaße annahm. So war Nietzsches Entschluß, Bonn zu verlassen und vom dritten Semester an in Leipzig weiterzustudieren, bald gefaßt. Die Tatsache, daß Ritschl einen Ruf nach Leipzig erhielt, mag seinen Abschied von Bonn, dieser für ihn so glücklosen Stadt, noch erleichtert haben.

War Nietzsche bei dem Versuch, am Rhein das unbeschwerte Dasein eines «normalen» Studenten zu führen, gescheitert, so fand er in Leipzig als Einzelgänger und bei stärkerer Konzentration auf seine Studien zu der ihm gemäßen Lebensform zurück. Eher verschlossen und nicht frei von Hochmut, sollte er sich bald unter der Führung seines Lehrers Ritschl durch beachtliche Leistungen als Philologe qualifizieren. Ritschls privat gegebene Anregung, einen philologischen Verein zu gründen, fand Nietzsches Beifall. Schülersehnsüchte, wie sie mit der Bildung der «Germania» ihren Ausdruck gefunden hatten, wurden nun im Raum der Universität erneut Wirklichkeit. Schon bald konnte Nietzsche hier im kleinen Kreise dozieren. Sein erster Vortrag, dem noch weitere folgen sollten, galt Anfang 1866 einer neuen Ausgabe der Gedichte des Theognis von Megara.

Der Erfolg seiner Darlegungen ermutigte ihn, Ritschl seine frühere Arbeit über Theognis zu zeigen. Nietzsche erntete Lob, und Ritschl empfahl ihm, das Manuskript für die Veröffentlichung umzuarbeiten.

Nach dieser Szene ging mein Selbstgefühl mit mir in die Lüfte. Mittags machten wir Freunde zusammen einen Spaziergang nach Gohlis, es war schönes, sonniges Wetter, und mir schwebte mein Glück auf den Lippen. Endlich, im Gasthofe, als wir Kaffee und Pfannkuchen vor uns hatten, hielt ich nicht mehr zurück und erzählte den neidlos staunenden Freunden, was mir widerfahren sei. Einige Zeit ging ich wie im Taumel umher; es ist die Zeit, wo ich zum Philologen geboren wurde, ich empfand den Stachel des Lobes, das für mich auf dieser Laufbahn zu pflücken sei.

Nietzsche hatte das Glück, nach dem verlorenen Bonner Jahr einen Lehrer zu finden, der nicht nur eine große Autorität besaß, sondern ihn auch fortan äußerst wohlwollend förderte. Daß Nietzsche diese Autorität akzeptierte, lag aber wohl nicht zuletzt daran, daß Ritschl im Grunde kein Fachphilister, sondern ein eher künstlerischer Mensch war, dessen wissenschaftliche Arbeiten etwas Virtuoses und Sinn für ästhetische Maßstäbe zeigten; und eben dieser Zug sagte Nietzsche bei seinem Lehrer zu, dem er den Hauptteil seiner Ausbildung verdanken sollte. Ein weiterer Vortrag Nietzsches beschäftigte sich mit den Verzeichnissen zu den aristotelischen Schriften und setzte ein besonderes quellenkritisches Studium voraus. Auf Ritschls Vorschlag stiftete die Universität für dieses Thema einen Preis, den Nietzsches Arbeit erhielt und die daraufhin in mehreren Nummern des «Rheinischen Museums» abgedruckt wurde. Andere Veröffentlichungen folgten: die Studie über Theognis erschien ebenso im «Rheinischen Museum» wie ein Manuskript über Simonides' «Ode an Danae». So wurde Nietzsches Name in der gelehrten Welt seines Faches schnell bekannt, und er stand durchaus schon im Rufe eines qualifizierten jungen Wissenschaftlers, als ihm – wiederum auf Betreiben Ritschls – 1869 noch vor Abschluß seiner Studien die Professur in Basel angetragen wurde.

Die Beschäftigung mit den Theognis-Fragmenten trug aber nicht nur philologische Früchte. Nietzsche begann diesen noch der archaischen Zeit angehörenden griechischen Dichter als Aristokraten zu verstehen. Findet sich doch bei Theognis der Satz: «Von Adligen wirst du Adliges lernen, wenn du dich aber unter die geringeren mischest, wirst du gar den Sinn, den du besitzest, verlieren.» Eine Spruchweisheit, die aus dem sechsten vorchristlichen Jahrhundert stammt und sich in der Verbindung mit Nietzsche doch wie ein Prolegomenon auf den *Zarathustra* und die Konzeption des Herrenmenschen liest. Wir dürfen deshalb annehmen, daß die Theognis-Studien und die preisgekrönte Aristoteles-Arbeit – die zwangsläufig zur Bekanntschaft mit Diogenes Laertios führen mußte – philosophische Neigungen in Nietzsche erweckten. Zumindest haben sie ihn in dieser Phase seines Studiums für philosophische Fragestellungen besonders empfänglich gemacht. Die entscheidende Begegnung mit der Philosophie wurde jedoch durch die Lektüre der Werke Arthur Schopenhauers im ersten Leipziger Semester vermittelt. Ritschl und die Philologie boten notwendiges, bisweilen beglückendes, oft sehr mühseliges Handwerk. Schopenhauers Schriften jedoch erweckten und beflügelten den Genius in Nietzsche. Nüchtern betrachtet, riß diese Erweckung den Studenten zu eigenen weltanschaulichen Äußerungen hin, die auf einem zunächst sehr unreifen und naiven Verständnis Schopenhauerscher Gedanken beruhten.

BEKANNTSCHAFT MIT SCHOPENHAUERS HAUPTWERK, MIT ROHDE UND WAGNER

War Wagner für Nietzsche Repräsentant der musikalischen Avantgarde, so schien ihm, der außer Platon keinen der großen Philosophen auch nur einigermaßen gelesen hatte, Schopenhauers Werk als möglicher Ausdruck einer zeitgemäßen Weltanschauung. Nicht der Zwang ernster Studien führte ihn dorthin, sondern ganz persönliche, in seiner Natur liegende Umstände beförderten diese Entdeckung. Seine romantische Veranlagung, die er durch die Philologie zu bekämpfen dachte, rächte sich nun für diese Unterdrückung und trat nach der Lektüre Schopenhauers desto vehementer in Erscheinung:

Ich hing damals gerade mit einigen schmerzlichen Erfahrungen und Enttäuschungen ohne Beihilfe einsam in der Luft, ohne Grundsätze, ohne Hoffnungen, ohne eine freundliche Erinnerung. Mir ein eignes passendes Leben zu zimmern, war mein Bestreben von früh bis abend; dazu brach ich die letzte der Stützen ab, die mich an meine Bonner Vergangenheit fesselte; ich zerriß das Band zwischen mir und jener Verbindung. In der glücklichen Abgeschiedenheit meiner Wohnung gelang es mir, mich selbst zu sammeln; und wenn ich mit Freunden zusammentraf, so war es mit Mushacke und v. Gersdorf, die für ihren Teil mit gleichen Absichten umgingen. – Nun vergegenwärtige man sich, wie in einem solchen Zustande die Lektüre von Schopenhauers Hauptwerk wirken mußte. Eines Tages fand ich nämlich im Antiquariat des alten Rohn dieses Buch, nahm es als mir völlig fremd in die Hand und blätterte. Ich weiß nicht, welcher Dämon mir zuflüsterte: «Nimm dir dies Buch mit nach Hause.» Es geschah jedenfalls wider meine sonstige Gewohnheit, Büchereinkäufe nicht zu überschleunigen. Zu Hause warf ich mich mit dem erworbenen Schatze in die Sofaecke und begann, jenen energischen düsteren Genius auf mich wirken zu lassen. Hier war jede Zeile, die Entsagung, Verneinung, Resignation schrie, hier sah ich einen Spiegel, in dem ich Welt, Leben und eigen Gemüt in entsetzlicherer Großartigkeit erblickte. Hier sah mich das volle interessenlose Sonnenauge der Kunst an, hier sah ich Krankheit und Heilung, Verbannung und Zufluchtsort, Hölle und Himmel. Das Bedürfnis nach Selbsterkenntnis, ja Selbstzernagung packte mich gewaltsam; Zeugen jenes Umschwun-

ges sind mir noch jetzt die unruhigen, schwermütigen Tagebuchblätter jener Zeit mit ihren nutzlosen Selbstanklagen und ihrem verzweifelten Aufschauen zur Heiligung und Umgestaltung des ganzen Menschenkerns. Indem ich alle meine Eigenschaften und Bestrebungen vor das Forum einer düsteren Selbstverachtung zog, war ich bitter, ungerecht und zügellos in dem gegen mich selbst gerichteten Haß. Auch leibliche Peinigungen fehlten nicht. So zwang ich mich vierzehn Tage hintereinander, immer erst um zwei Uhr nachts ins Bett zu gehen und es genau um sechs Uhr wieder zu verlassen. Eine nervöse Aufgeregtheit bemächtigte sich meiner und wer weiß bis zu welchem Grade von Torheit ich fortgeschritten wäre, wenn nicht die Lockungen des Lebens, der Eitelkeit und der Zwang zu regelmäßigen Studien dagegen gewirkt hätten.

Die Lockungen des Lebens und der Eitelkeit waren gleichwohl in Leipzig harmloser und vorübergehender Natur: Nietzsche verliebte sich in Hedwig Raabe, eine Schauspielerin, die im Sommer 1866 in Leipzig gastierte und deren Kunst er sehr bewunderte. Der kontaktschwache Jüngling liebte Fräulein Raabe aber nur von ferne. Seine Leidenschaft fand in einigen Liedern Ausdruck, die er selbst vertonte und die er der Dame seines Herzens mit einer überschwenglichen und zugleich gezierten Widmung übersandte.

Wichtiger als dieses Erlebnis, das typisch ist für Nietzsches oft gehemmtes, distanziertes und fast immer unengagiertes Verhältnis zu Frauen, war eine neue Freundschaft, die Nietzsche durch viele Jahre bis an den Rand des Zusammenbruchs erhalten bleiben sollte. Mit

29

Carl von Gersdorff

Erwin Rohde trat ein Freund in Nietzsches Leben, der sich ihm nicht bewundernd unterordnete, sondern ihm in mancher Hinsicht ebenbürtig war. Der um ein Jahr jüngere Rohde stammte aus Hamburg, hatte wie Nietzsche im Sommer 1865 in Bonn studiert und von dort aus ebenfalls das Kölner Musikfest besucht, auch er war Ritschl nach Leipzig gefolgt. Die beiden mögen sich schon in der Bonner Zeit gekannt haben, die Freundschaft aber begann erst in Leipzig. In Rohdes glänzender philologischer Begabung, seinem Temperament und seiner Lust an Polemik, die in Streitsucht ausarten konnte, fand Nietzsche einen glücklichen Widerpart zum eigenen Wesen. Je mehr sich beide anfreundeten, desto unwichtiger wurde ihnen ihre Umwelt. Nietzsche hat den Beginn dieser Freundschaft aufgezeichnet:

Rohde hat in einem Briefe an mich selbst einmal das Bild gebraucht, daß wir beiden im letzten Semester gewissermaßen auf einem Isolierschemel gesessen haben. Dies ist völlig richtig, ergab sich mir aber erst, als das Semester vorüber war. Ganz ohne unsere Absicht, aber durch einen sicheren Instinkt geleitet, verbrachten wir weitaus den größten Teil des Tages miteinander. Viel gearbeitet in jenem banausischen Sinne haben wir nicht, und trotzdem rechneten wir uns die einzelnen verlebten Tage zum Gewinn. Ich habe es bis jetzt nur dies eine Mal erlebt, daß eine sich bildende Freundschaft einen ethisch-philosophischen Hintergrund hatte. Gewöhnlich sind es die gleichen Studienwege, die die Menschen zusammenführen. Wir beide haben aber unsere Gebiete in der Wissenschaft in ziemlicher Entfernung voneinander und waren nur einig in Ironie und Spott gegen philologische Manieren und Eitelkeiten. Für gewöhnlich lagen wir uns in den Haaren, ja, es gab eine ungewöhnliche Menge von Dingen, über die wir nicht zusammenklangen. Sobald aber das Gespräch sich in die Tiefe wandte, verstummte die Dissonanz der Meinungen, und es ertönte ein ruhiger und voller Einklang.

Mit Rohde unternahm Nietzsche auch am Ende der Leipziger Studienzeit eine Wanderfahrt nach Meiningen zu einem Musikfest der Wagnerianer. Wagner und Schopenhauer, das waren damals zwei Exponenten derselben spätromantischen Welt, die Nietzsches ganzes Wesen formen sollte.

Die erste persönliche Begegnung mit Richard Wagner ergab sich im Herbst 1868 in Leipzig. Da Nietzsche bereits seit einiger Zeit mit Frau Ottilie Brockhaus, der Schwester Wagners und Gattin des Leipziger Orientalisten Hermann Brockhaus, bekannt war und in deren Hause verkehrte, kam die Bekanntschaft an einem Abend zustande, als Wagner bei seiner Schwester zu Besuch weilte. Nietzsche hat darüber an Rohde berichtet:

Vor und nach Tisch spielte Wagner alle wichtigen Stellen der Meistersinger, indem er alle Stimmen imitierte und dabei sehr ausgelassen war. Er ist nämlich ein fabelhaft lebhafter und feuriger Mann, der sehr schnell spricht, sehr witzig ist und eine Gesellschaft dieser privatesten Art ganz heiter macht.

Erwin Rohde

Inzwischen hatte ich ein längeres Gespräch mit ihm über Schopenhauer: ach, und Du begreifst es, welcher Genuß es für mich war, ihn mit ganz unbeschreiblicher Wärme von ihm reden zu hören, was er ihm verdanke, wie er der einzige Philosoph sei, der das Wesen der Musik erkannt habe! Dann erkundigte er sich, wie sich jetzt die Professoren zu ihm verhalten, lachte über den Philosophenkongreß in Prag und sprach von den «philosophischen Dienstmännern». Nachher las er ein Stück aus seiner Biographie vor, die er jetzt schreibt, eine überaus ergötzliche Szene aus seinem Leipziger Studentenleben, an die ich jetzt nicht ohne Gelächter denken kann; er schreibt übrigens außerordentlich gewandt und geistreich.

Daß Wagner, den Nietzsche seit Jahren bewunderte, selbst so sehr für Schopenhauer eintrat, konnte Nietzsche nur als glückliche Bestätigung seines eigenen Weges auffassen. Nicht Platon oder Aristoteles, die dem jungen Altphilologen doch vertraut sein mußten, entfachten Nietzsches Leidenschaft für die Philosophie – es war die Gedankenwelt Arthur Schopenhauers.

SCHOPENHAUERS SCHRIFTEN

Schopenhauer besaß eine Eigenschaft, die unter deutschen Philosophieprofessoren sonst nur wenig ausgeprägt ist: er war ein Schriftsteller von hohen Graden. Seine Anschauungen und Überlegungen scheinen

31

auf den ersten Blick leichter erfaßbar zu sein, als die schwierigen Problemanalysen etwa Kants und seiner transzendentalidealistischen Nachfolger. In einem ganz unkantischen Sinne betonte Schopenhauer die Unfähigkeit der Vernunft, das wirkliche Wesen der Dinge zu erkennen und dem Menschen Ziele zu setzen. Sie ist höchstens das Vehikel, mit dessen Hilfe der Mensch die durch seinen Willen selbst gesetzten Ziele erreichen kann. Das Leben als solches ist aber nicht bejahenswert, Erlösung findet der Mensch nur, wenn er seinen Trieben, dem blinden Werk seines dauernden Willens, zu entsagen vermag. Egoismus ist die natürliche Einstellung des Menschen, er bestimmt auch sein sittliches Verhalten. Mitleid ist deshalb eine Spielart der Selbstsucht. Doch ist der Mensch der Selbsterlösung fähig, und zwar auf zweierlei Weise: einmal im sittlichen Handeln, in der Entsagung des Willens, zum anderen aber im Anschauen der Schönheit. Die Kunst ist für Schopenhauer eine Form von allgemeiner Gel-

tung, die Musik aber nimmt unter den Künsten eine absolute Sonderstellung ein: sie ist unvermittelter Ausdruck der Wirklichkeit und des Wesens der Dinge. Sie gewährt uns keine Einsichten und Erkenntnisse, aber sie befreit uns, während sie erklingt, von Raum, Zeit, Kausalität und allen endlichen Bedürfnissen. Doch ist das Erlebnis des Schönen nie von Dauer, es vermag nicht endgültig von den Beschwerden und natürlichen Bedürfnissen des Lebens zu befreien, so wenig, wie sittliches Handeln zum Wohle anderer uns zu erlösen vermag. Nur individuelle Askese, völlige Entsagung, Auslöschung des eigenen Willens markieren den Weg, auf dem man der unseligen Verfassung unseres Daseins entrinnen kann. Dieser Pessimismus ist irrationalistisch und amoralistisch zugleich. Er sieht keinen Fortschritt in der Möglichkeit vernünftigen Erkennens und Handelns und ebenso keine Hoffnung in einer sokratischen oder gar christlichen Tugendlehre.

Von diesem Pessimismus fühlte sich Nietzsche ungeheuer angezogen. Er kam seinem Einzelgängertum entgegen und entsprach in den ästhetischen und unverbindlich religiösen Aspekten der Lehre seinen eigenen Bedürfnissen. Und wie schon früher in der «Germania» konnte Nietzsche nicht anstehen, dozierend auf seine Freunde einzuwirken, um sie zu Jüngern Schopenhauers zu erziehen. Elisabeth, die Schwester, dann aber die Studienfreunde Mushacke und von Gersdorff, schließlich sogar Deussen zählten zu den Bekehrten. Daß Schopenhauer den gewöhnlichen Alltagsmenschen als Philister bezeichnet und den genialen Naturen bescheinigt, daß sie infolge ihres Andersseins gar nicht umhin können, den Kontakt mit der gesellschaftlichen Realität zu verlieren und den natürlichen Dingen unbeholfen gegenüberzustehen, mußte sich für den jungen Nietzsche wie eine Selbstbestätigung lesen. Und er war so sehr von den Gedanken Schopenhauers,

Der «Philologische Verein» in Leipzig.
Vorne links: Nietzsche.
Vorne rechts: Erwin Rohde

Richard
Wagner

wie er sie damals begriff, berauscht, daß er selbst Langes «Geschichte des Materialismus» als Apologie des Schopenhauerschen Systems mißverstand. Langes bedeutendes Werk erschien 1866 und wurde zum Wegbereiter des Neukantianismus. Nietzsche aber schrieb über die Lektüre Langes an Gersdorff:

1. *Die Sinnenwelt ist das Produkt unserer Organisation.*

2. *Unsere sichtbaren (körperlichen) Organe sind allen anderen Teilen der Erscheinungswelt nur Bilder eines unbekannten Gegenstandes.*

3. *Unsere wirkliche Organisation bleibt uns daher ebenso unbekannt, wie die wirklichen Außendinge. Wir haben stets nur das Produkt von beiden vor uns.*

...das wahre Wesen der Dinge, das Ding an sich, ist uns nicht

34

Arthur
Schopenhauer

nur unbekannt, sondern es ist auch der Begriff desselben nicht mehr und nicht weniger als die letzte Ausgeburt eines von unserer Organisation bedingten Gegensatzes, von dem wir nicht wissen, ob er außerhalb unserer Erfahrung irgendeine Bedeutung hat. Folglich, meint Lange, lasse man die Philosophen frei, vorausgesetzt, daß sie uns hinfüro erbauen. Die Kunst ist frei, auch von dem Gebiet der Begriffe. Wer will einen Satz von Beethoven widerlegen, und wer will Raffaels Madonna eines Irrtums zeihen? – Du siehst, selbst bei diesem strengen kritischen Standpunkte bleibt uns unser Schopenhauer, ja er wird uns fast noch mehr ... wenn die Philosophie erbauen soll, dann kenne i c h wenigstens keinen Philosophen, der mehr erbaut als unser Schopenhauer.

Langes rationaler Kritizismus wird sogleich verfälscht: der Theolo-

*Nietzsche als
Feldartillerist*

gensohn Nietzsche, dem die Berührung mit strenger Wissenschaft
den Kinderglauben zerstörte, setzt an die freigewordene Stelle religiöser Erbauung diejenige durch die Philosophie.

MILITÄRDIENST

In die Leipziger Jahre fallen einige äußere Ereignisse. Mushacke ging
nach Berlin und von Gersdorff zum Militärdienst nach Nürnberg. Desto enger schloß Nietzsche sich an Rohde an. Leipzig wurde von einer Choleraepidemie heimgesucht, die Nietzsche irritierte und in seinen Studien störte. Im Herbst 1867 mußte er sich als Einjähriger
zum Militärdienst melden. Sein Versuch, in eines der Berliner Gar-

1867

deregimenter aufgenommen zu werden, schlug fehl. Er wurde statt dessen bei der in Naumburg stationierten reitenden Feldartillerie angenommen und hatte auf diese Weise die Vergünstigung, zu Hause wohnen zu können. Am militärischen Reglement fand er nur mäßigen Gefallen, bemühte sich aber, die unvermeidbare Ausbildung mit Anstand über sich ergehen zu lassen. An Rohde schrieb er in dieser Zeit:

Meine Philosophie hat jetzt Gelegenheit, mir praktisch zu nützen. Ich habe in keinem Augenblick bis jetzt eine Erniedrigung verspürt, aber sehr oft wie über etwas Märchenhaftes gelächelt. Mitunter auch raune ich unter dem Bauch eines Pferdes versteckt: «Schopenhauer hilf»; und wenn ich erschöpft und mit Schweiß bedeckt nach Hause komme, so beruhigt mich ein Blick auf das Bild an meinem Schreib-

37

tisch, oder ich schlage die Parerga auf, die mir jetzt, samt Byron, sympathischer als je sind.

Ein Unfall beim Reiten setzte der Ausbildung jedoch ein vorzeitiges Ende. Eine Verletzung an der Brust heilte nur langsam, und Nietzsche erhielt bis zum Ablauf seiner Dienstzeit Krankenurlaub. Ein Foto aus jener Zeit zeigt Nietzsche in Uniform mit gezogenem Säbel. Die Pose entsprach wohl der damaligen Konvention für Souvenirs dieser Art. Es ist das Bild eines verkleideten Gelehrten. Nietzsche konnte seinen Krankenurlaub für intensive philologische Studien nutzen und kehrte wohlgerüstet im Herbst 1868 nach Leipzig in sein letztes Semester zurück. Sein Studium war nahezu abgeschlossen, er genoß weiterhin Ritschls Wohlwollen und konnte einer sicheren akademischen Karriere entgegensehen. Damit verbanden sich für ihn durchaus keine *übertriebenen Hoffnungen,* wie er Rohde gesteht, aber freilich sah er seine akademische Zukunft als ein Leben, das ihm genügend Muße zu eigenen Studien lassen und ihm auch eine politisch wie gesellschaftlich unabhängige Lage gewährleisten würde.

Die Berufung nach Basel

Nietzsche sollte mit dieser Hoffnung nicht nur Recht behalten, sie erfüllte sich sogar schneller, als er erwarten konnte. Während er im Winter 1868/69 mit Rohde eine Reise nach Paris plant, wird er auf Betreiben Ritschls für eine außerordentliche Professur der klassischen Philologie an der Universität Basel vorgeschlagen. Der Antrag kommt in einem Augenblick, da Nietzsche selbst Zweifel am Wert philologischer Arbeit hegt, da er, in einer offensichtlichen Krise, seine Lehrer in Briefen an den Freund als *Philologengezücht* tituliert, ihnen *Maulwurfstreiben, volle Backentaschen* und *blinde Augen* nachsagt, als ihn das Gespenst des Philisters wieder einmal verfolgt. Und etwas von dieser Stimmung liegt auch noch in jenem berühmten Brief an Rohde, in dem Nietzsche den Freund über den Ausfall der Pariser Reise zu trösten sucht:

Wir sind doch recht die Narren des Schicksals: noch vorige Woche wollte ich Dir einmal schreiben und vorschlagen, gemeinsam Chemie zu studieren und die Philologie dorthin zu werfen, wohin sie gehört, zum Urväter-Hausrat. Jetzt lockt der Teufel «Schicksal» mit einer philologischen Professur.

Gleichwohl widerstand Nietzsche dieser Lockung nicht. Im Februar 1869 erfolgte die offizielle Berufung nach Basel, noch bevor er die Doktorpromotion hinter sich hatte. Die Universität Leipzig promovierte Nietzsche daraufhin auf Grund seiner bereits erschienenen Schriften ohne weitere Prüfung und verzichtete auch auf die üblichen Formalitäten bei der Habilitation. Mit vierundzwanzigeinhalb Jah-

Basel: das Münster

ren endete so Nietzsches Ausbildung und Erziehung ohne jeden weiteren Übergang in einer außerordentlichen Professur, die schon ein Jahr später in ein Ordinariat verwandelt werden sollte. Am 28. Mai 1869 hielt der junge Professor bereits seine Antrittsvorlesung in Basel über *Homer und die klassische Philologie*.

DIE GEBURT DER TRAGÖDIE AUS DEM GEIST DER ROMANTIK

Ein Abriß von Nietzsches Leben ließe sich recht gut in Dekaden gliedern. Zwischen dem Eintritt in Schulpforta und dem letzten Semester in Leipzig, da Nietzsche sich schon als angehender Dozent fühlen konnte, liegen zehn Jahre der Erziehung und Ausbildung. Für zehn Jahre war Nietzsche Professor in Basel. Und nach der Aufgabe des Lehramtes 1879 sollte ihm noch ein knappes Jahrzehnt für sein Schaffen in heller Bewußtheit bleiben. Auch der letzte Abschnitt seines Lebens, der von der Geisteskrankheit gezeichnet ist, sollte nicht viel mehr als ein Dezennium dauern. So lassen sich die großen Perioden leicht überschauen. Doch bilden dergleichen Einteilungen nur äußerliche Ordnungsschemata, so wunderlich sie auch auf den ersten Blick sein mögen. Sie klären zwar, aber erklären nichts. Denn Nietzsches Leben war im ganzen ein unruhevoller Gang, ein Weg zwischen extremen Stimmungen, ein Hinundhergerissensein zwischen zwei Polen, zwischen einer Haltung voll rauschhafter Beglückung und einer solchen, deren Merkmale skeptische, rationale Distanz sowie kritische Ironie gegenüber Menschen und Dingen waren. Sein Leben in Basel und vor allem seine erste größere philosophische Schrift, die dort während der ersten Jahre seiner Lehrtätigkeit entstand, zeigen diese Eigentümlichkeiten seines Daseins und Wirkens besonders deutlich. Erlebnisse und Verhaltensweisen, wie wir sie schon von früher her kennen, sollten sich zu Beginn der Basler Zeit wiederholen.

DER JUNGE GELEHRTE

Basel, das traditionsreiche alemannische Zentrum des europäischen Humanismus, empfing den jungen Professor freundlich und herzlich. Die Kollegen, aber auch alteingesessene Patrizierfamilien bemühten sich um ihn, und Nietzsche scheint anfangs an den mancherlei Einladungen, ja an regelrechtem gesellschaftlichem Rummel Gefallen gefunden zu haben. Er tanzt viel und läßt sich aus Naumburg einen neuen Frack kommen. Doch die Erfahrung bei früheren Anlässen soll sich auch hier bald wieder einstellen: Anpassung fällt ihm schwer, das Leben anderer Leute behagt ihm nicht, in einem Brief an Ritschl höhnt er über die Basler *Pfahlbürger*, das Gros der Kollegen läßt ihn gleichgültig, das laute gesellschaftliche Treiben wird ihm lästig. Rohde, der Freund, aber fehlt ihm mehr als alles andere. An der Philologie regen sich wieder Zweifel wie einst an der Religion. Im Lehramt fühlt er sich unsicher und mißverstanden. Doch das Erlebnis der feindlichen Welt wird wiederum durch die Ahnung, irgendwie für ein außergewöhnliches Schicksal auserwählt und berufen zu sein, kompensiert. All diese zwiespältigen Gefühle spiegeln sich in dem langen Brief an Rohde (Ende Januar und 15. Februar 1870):

Ich vermisse Dich ganz unglaublich... Das ist mir nämlich doch eine neue Empfindung, auch so gar niemanden an Ort und Stelle zu haben, dem man das Beste und Schwerste im Leben sagen könnte. Dazu nicht einmal einen wirklichen sympathischen Berufgenossen... Der Grad, den ich jetzt erreicht habe, ist das allerbeschämendste Eingeständnis meiner Unwissenheit. Die Philologenexistenz in irgendeiner kritischen Bestrebung, aber 1000 Meilen abseits vom Griechentum wird immer unmöglicher. Auch zweifele ich, ob ich noch je ein rechter Philologe werden könne: wenn ich es nicht nebenbei, so zufällig erreiche, dann geht es nicht. Das Malheur nämlich ist: ich habe kein Muster und bin in der Gefahr des Narren auf eigene Hand... Was gäbe ich, wenn wir zusammen leben könnten!... Ich habe hier einen Vortrag über «Sokrates und die Tragödie» gehalten, der Schrecken und Mißverständnisse erregt hat. Dagegen hat sich durch ihn das Band mit meinen Tribschener Freunden noch enger geknüpft. Ich werde noch zur Wandelnden Hoffnung: auch Richard Wagner hat mir in der rührendsten Weise zu erkennen gegeben, welche Bestimmung er mir vorgezeichnet sieht... Wissenschaft, Kunst und Philosophie wachsen jetzt so sehr in mir zusammen, daß ich jedenfalls einmal Zentauren gebären werde.

Der Brief ist, in der Stimmung, die er ausdrückt, wie in dem, was er sachlich mitteilt, typisch für Nietzsches Dilemma: dem Bewußtsein des Ausgesetztseins und Versagens und dem Gefühl der Auserwähltheit. Die Bemühungen, Rohde nach Basel auf Nietzsches Lehrstuhl zu holen, während Nietzsche selbst den philosophischen Lehrkanzel besteigen wollte, schlugen fehl. Rohde ging nach Kiel, und Nietzsche mußte Philologe bleiben. Doch stellten sich neue Freunde ein: Franz Overbeck, ein junger Professor für Kirchengeschichte, kam Anfang 1870 nach Basel, und Nietzsche nahm mit ihm eine gemeinsame Wohnung. Und auch Romundt, Privatdozent und Schopenhauerianer, schloß sich ihm vorübergehend näher an. Schließlich trat Nietzsche zu einem seiner älteren Basler Kollegen in nähere Beziehungen, für den er große Achtung empfand und den er als Autorität respektierte wie sonst wohl nur Ritschl. Es war Jacob Burckhardt, 26 Jahre älter als Nietzsche und Professor für Kunstgeschichte. 1870 hielt er in Basel jenen Zyklus von Vorlesungen, die unter dem Titel «Weltgeschichtliche Betrachtungen» berühmt werden sollten. Nietzsche bezeichnete Burckhardt als *geistvollen Sonderling*, beide waren eher scheu und abweisend ihrer Umwelt gegenüber, sie entdeckten ihre Sympathie füreinander durch die Kongruenz ihrer ästhetischen Anschauungen und infolge verwandter Ansichten über die Antike. Das

Verhältnis beider zueinander war jedoch nur das einer achtungsvollen Kollegenfreundschaft.

BEGINN DER FREUNDSCHAFT MIT WAGNER

Die für Nietzsche entscheidendere Freundschaft in dieser Zeit war die mit dem 31 Jahre älteren Richard Wagner, der damals in Tribschen bei Luzern lebte. Nietzsche fand bald Gelegenheit, die Bekanntschaft mit ihm zu erneuern und war schon im Mai 1869 Gast in dem unkonventionellen Haushalt, den Cosima führte. Cosima von Bülow, Frau des mit Wagner befreundeten Dirigenten und Tochter Liszts, war damals noch nicht mit Wagner verheiratet. Wagner war 1866, nach dem Tode seiner ersten Frau, auf der bei ihm üblichen Flucht vor finanziellen, politischen und gesellschaftlichen Schwierigkeiten von München in die Schweiz übergesiedelt. Cosima folgte ihm mit ihren Kindern, mit Daniela und Blandine von Bülow und mit Isolde, die sie von Wagner empfangen hatte. 1867 wurde dem Paar eine weitere Tochter, Eva, geschenkt, zwei Jahre darauf der Sohn Siegfried geboren. Richard Wagner und Cosi-

Jacob Burckhardt

ma fanden Gefallen an dem jungen Gelehrten, die beiderseitige Vertrautheit wuchs schnell, und schon bald gehörte Nietzsche mehr oder weniger zu dem großzügigen Haushalt, war nicht nur gern gesehener Gast, sondern erhielt für dauernd zwei Zimmer zugewiesen, konnte kommen und gehen, wann immer er wollte, und hielt sich so oft wie möglich in Tribschen auf. Er war hier nicht nur dem von ihm so verehrten musikalischen Genius nah, sondern fühlte sich in der Atmosphäre dieser unbürgerlichen Familie auch sichtlich wohl. Und Nietzsche, der schon als Schüler das Werk Wagners bewunderte, schwärmte nun auch für den Menschen Wagner:

Dazu habe ich einen Menschen gefunden, der wie kein anderer das Bild dessen, was Schopenhauer «das Genie» nennt, mir offenbart und der ganz durchdrungen ist von jener wundersamen innigen Philosophie. Dies ist kein anderer als Richard Wagner, über den Du kein Urteil glauben darfst, das sich in der Presse, in den Schriften der Musikgelehrten usw. findet. Niemand kennt ihn und kann ihn beurteilen, weil alle Welt auf einem anderen Fundament steht und in seiner Atmosphäre nicht heimisch ist. In ihm herrscht so unbedingte Idealität, eine solche tiefe und rührende Menschlichkeit, ein solcher erhabener Lebensernst, daß ich mich in seiner Nähe wie in der Nähe des Göttlichen fühle. Wie manche Tage habe ich schon in dem reizenden Landgute am Vierwaldstättersee verlebt, und immer neu und unerschöpflich ist diese wunderbare Natur.

Vom Zauber dieser Freundschaft, die ihm wohl zum erstenmal seit seiner Kindheit so etwas wie ein Heim bot, war Nietzsche geblendet. Die dunklen Seiten in Wagners Wesen, der herrische Charakter, der Egoismus, die Skrupellosigkeit und Verschwendungssucht des Meisters, blieben ihm damals verborgen. Noch 1888, kurz vor seinem Zusammenbruch, wird Nietzsche bei der Niederschrift von *Ecce Homo* dieser Freundschaft ein Denkmal setzen: *...ich möchte um keinen Preis die Tage von Tribschen aus meinem Leben weggeben, Tage des Vertrauens, der Heiterkeit, der sublimen Zufälle – der tiefen Augenblicke...Ich weiß nicht, was andre mit Wagner erlebt haben: über unsern Himmel ist nie eine Wolke hinweggegangen.* Dieses Glück, eine Heimat zu haben, dauerte für Nietzsche bis zum April 1872, also fast drei Jahre. Dann zog Wagner nach Bayreuth, wo ihn Nietzsche aber am 22. Mai besuchte, um der Grundsteinlegung des Festspielhauses beizuwohnen. Unterbrochen war die Gemeinsamkeit nur von August bis Oktober 1870, als Nietzsche als freiwilliger Krankenpfleger am Deutsch-Französischen Krieg teilnahm. Nietzsche war durch seine Berufung nach Basel Schweizer Bürger geworden, und die kantonalen Behörden erlaubten ihm nicht, als aktiver Kriegsteilnehmer in der preußischen Armee zu dienen. Aber wie schon seine frühere militärische Ausbildung endete auch dieser Dienst vorzeitig durch Krankheit. Als Begleiter eines Verwundetentransports zog Nietzsche sich Ruhr und Diphtheritie zu. Er genas langsam, kehrte nach Basel zurück und begann, den Krieg und die Hegemonie Preußens, für die er bisher so eingenommen war, mit Skepsis zu betrach-

Wagners Haus in Tribschen bei Luzern

ten. Nietzsche nahm seine Vorlesungen wieder auf und konnte zu seinen Arbeiten zurückkehren. Er war als Lehrer nicht unbeliebt, und die Basler dankten ihm 1872 die Ablehnung eines Rufs nach Greifswald mit einer Erhöhung seines Gehalts von 3000 auf 4000 Franken.

Mit Mitte Zwanzig hatte Nietzsche nahezu alles erreicht, was im Verlauf einer akademischen Karriere erstrebenswert sein mag: er war ein geachteter junger Gelehrter, dessen Wort und Urteil man ernst nahm, er hatte Schüler, denen er ein leidlich guter Lehrer war, er hatte früher als andere das Ordinariat und damit die oberste Stufe der Laufbahn erreicht, er konnte ein weitgehend unabhängiges Leben führen und hatte wirkliche Freunde. Seiner außergewöhnlichen Begabung und seiner ganzen Natur wurden diese freundlichen Umstände aber nur zu einer beiläufigen Voraussetzung seiner Selbstverwirklichung. Die Annehmlichkeiten der gesicherten bürgerlichen Existenz bei relativ kleinen Verpflichtungen schenkten ihm die Freiheit, in Muße seinen Studien nachzugehen und jene Reihe von Werken zu schaffen, die ihn in äußersten Gegensatz zu aller bürgerlichen, wissenschaftlichen und philosophischen Konvention bringen sollte. Nicht das Milieu machte ihn schließlich zu einem einsamen Außenseiter und zum zornigen Propheten – niemand hat ihn in diese Rolle gedrängt. Er selbst hat diesen Weg gewählt, seine Reaktion auf die Wissenschaft und Gesellschaft seiner Zeit war nur die seiner Person, es gab keinen anderen Zwang als den, der ihm kraft seiner Natur vorgeschrieben war. Nietzsches schöpferische Kraft war die des Genies.

DIE GEBURT DER TRAGÖDIE

1871 veröffentlichte Nietzsche in Basel als Privatdruck eine Arbeit mit dem Titel *Sokrates und die griechische Tragödie*, deren Inhalt dann wenig später in dem Traktat *Die Geburt der Tragödie, Oder: Griechentum und Pessimismus* aufgehen sollte, der Anfang 1872 erschien, zwei Jahre später in zweiter Auflage und in einer teilweise veränderten Fassung vorgelegt wurde und dem Nietzsche in der Ausgabe von 1886 ein neues Vorwort unter der Überschrift *Versuch einer Selbstkritik* beigab. Schon diese Daten verraten einiges über die Schlüsselstellung des Werkes. Mit der *Geburt der Tragödie* bricht Nietzsche nicht nur mit traditionellen altphilologischen Vorstellungen zum Entsetzen all derer, die in seinem Fach noch Großes von ihm erhofften, sondern er beginnt hier seinen eigenen Weg als Philosoph, als Künder einer Weltanschauung. Hier auch formuliert er erstmals Einsichten, die für sein ganzes weiteres Denken grundlegend sein sollen und zu denen er sich auch noch in den letzten Jahren seines Schaffens, als er bereits am Themenkreis des *Willens zur Macht* arbeitet, bekennen wird. Er sagt zwar 1886 in kritischer Distanz: *Heute ist es mir ein unmögliches Buch, – ich heiße es schlecht geschrieben, schwerfällig, peinlich, bilderwütig und bilderwirrig, hier und da verzuckert bis zum Femininischen, ungleich im Tempo, ohne logischen Willen zur Sauberkeit...,* aber zur Sache steht er nach wie vor und bedauert schließlich neben seiner damaligen Wertschätzung Wagners vor allem nur, daß er nicht genügend Mut zur eigenen Sprache gehabt habe: *Wie schade, daß, was ich damals zu sagen hatte, es nicht als Dichter zu sagen wagte: ich hätte es vielleicht gekonnt!* Wie sehr die *Geburt der Tragödie* mit Nietzsches ganzem bisherigen Leben verbunden war, verrät schließlich der Anfang des *Versuchs einer Selbstkritik.*
Was auch diesem fragwürdigen Buche zugrunde liegen mag: es muß eine Frage ersten Ranges und Reizes gewesen sein, noch dazu eine tief persönliche Frage – Zeugnis dafür ist die Zeit, in der es ent-

stand, trotz der es entstand, die aufregende Zeit des deutsch-franzözischen Krieges von 1870/71. Während die Donner der Schlacht von Wörth über Europa weggingen, saß der Grübeler und Rätselfreund, dem die Vaterschaft dieses Buches zuteil ward, irgendwo in einem Winkel der Alpen, sehr vergrübelt und verrätselt, folglich sehr bekümmert und unbekümmert zugleich, und schrieb seine Gedanken über die Griechen nieder, – den Kern des wunderlichen und schlecht zugänglichen Buches, dem diese späte Vorrede (oder Nachrede) gewidmet sein soll. Einige Wochen darauf: und er befand sich selbst unter den Mauern von Metz, immer noch nicht losgekommen von den Fragezeichen, die er zur vorgeblichen «Heiterkeit» der Griechen und der griechischen Kunst gesetzt hatte; bis er endlich in jenem Monat tiefster Spannung, als man in Versailles über den Frieden beriet, auch mit sich zum Frieden kam und, langsam von einer aus dem Felde heimgebrachten Krankheit genesend, die «Geburt der Tragödie aus dem Geiste der Musik» letztgültig bei sich feststellte. – Aus der Musik? Musik und Tragödie? Griechen und Tragödien-Musik? Griechen und das Kunstwerk des Pessimismus? Die wohlgeratenste, schönste, bestbeneidete, zum Leben verführendste Art der bisheri-

Cosima Wagner

Richard Wagner, 1867

gen Menschen, die Griechen – wie? gerade sie hatten die Tragödie nötig? Mehr noch – die Kunst? Wozu – griechische Kunst?... Man errät, an welche Stelle hiermit das große Fragezeichen vom Werte des Daseins gesetzt war. Ist Pessimismus notwendig das Zeichen des Niedergangs? Verfalls, des Mißratenseins, der ermüdeten und geschwächten Instinkte?... Gibt es einen Pessimismus der Stärke? Eine intellektuelle Vorneigung für das Harte, Schauerliche, Böse, Problematische des Daseins aus Wohlsein, aus überströmender Gesundheit, aus Fülle des Daseins? Gibt es vielleicht ein Leiden an der Überfülle selbst? Eine versucherische Tapferkeit des schärfsten Blicks, die nach dem Furchtbaren verlangt, als nach dem Feinde, dem würdigen Feinde, an dem sie ihre Kraft erproben kann?

Die letzten Zeilen, vom reifen Nietzsche konzipiert, sind deutsche Ideologie, von Spengler später als das «Faustische» deutschen Wesens gepriesen und bis in die Anschauungen des Faschismus und der von Heidegger inaugurierten Philosophie nachweisbar. Im übrigen aber zeigt die Vorrede, wie alle Elemente von Nietzsches Leben in dieser Schrift sich zusammenfügen: aus dem Studium der Griechen, der Vorliebe für die Musik und der leidenschaftlichen Wertschätzung Schopenhauers, aus dieser höchst subjektiven Mischung von Beruf und Amateurbeschäftigung entsteht das, was als Nietzsches Weltanschauung später eine so große geistesgeschichtliche Bedeutung haben sollte.

47

Die *Geburt der Tragödie* selbst beschäftigt sich mit einer Reihe äußerlich sehr verschiedener Gegenstände und Probleme. Das philologische Vorhaben war, die Entwicklung der griechischen Tragödie aus dem rituellen Chortanz des Dionysoskultes darzustellen, und zwar zum Beweis der These, daß in der Tragödie die Verschmelzung zweier verschiedener Lebensformen verkörpert sei. Damit wird zugleich der Versuch unternommen, das klassische Altertum neu zu deuten. Ferner soll mit dieser Schrift das Werk Richard Wagners gerechtfertigt und propagiert werden, und schließlich tritt Nietzsche hier zum erstenmal gegen das an, was er den *sokratischen Geist* nennt. Dagegen wird eine neue Daseins- und Geschichtsauffassung gesetzt, die Nietzsche später immer wieder als die *dionysische* bezeichnet wird.

Zunächst entwickelt Nietzsche das Begriffspaar *apollinisch* und *dionysisch*. Diese beiden Termini haben eine Schlüsselfunktion für sein gesamtes späteres Denken. Sie können gewissermaßen als Fundamentalkategorien seiner an sich so unsystematischen Philosophie bezeichnet werden. Nietzsche beginnt ganz schopenhauerisch: *Der schöne Schein der Traumwelten, in deren Erzeugung jeder Mensch voller Künstler ist, ist die Voraussetzung aller bildenden Kunst...* In der ästhetischen Traumwelt wird Apollo erfahren:

Diese freudige Notwendigkeit der Traumerfahrung ist gleichfalls von den Griechen in ihrem Apollo ausgedrückt worden: Apollo, als der Gott aller bildnerischen Kräfte, ist zugleich der wahrsagende Gott. Er, der seiner Wurzel nach die «Scheinende», die Lichtgottheit ist, beherrscht auch den schönen Schein der inneren Phantasie-Welt. Die höhere Wahrheit, die Vollkommenheit dieser Zustände im Gegensatz zu der lückenhaft verständlichen Tageswirklichkeit, sodann das tiefe Bewußtsein von der in Schlaf und Traum heilenden und helfenden Natur ist zugleich das symbolische Analogon der wahrsagenden Fähigkeit und überhaupt der Künste, durch die das Leben möglich und lebenswert gemacht wird. Aber auch jene zarte Linie, die das Traumbild nicht überschreiten darf, um nicht pathologisch zu wirken, widrigenfalls der Schein als plumpe Wirklichkeit uns betrügen würde – darf nicht im Bilde des Apollo fehlen: jene maßvolle Begrenzung, jene Freiheit von den wilderen Regungen, jene weisheitsvolle Ruhe des Bildnergottes. Sein Auge muß «sonnenhaft», gemäß seinem Ursprunge, sein; auch wenn es zürnt und unmutig blickt, liegt die Weihe des schönen Scheines auf ihm. Und so möchte von Apollo in einem exzentrischen Sinne das gelten, was Schopenhauer von dem im Schleier der Maja befangenen Menschen sagt, Welt als Wille und Vorstellung I, S. 416: «Wie auf dem tobenden Meere, das, nach allen Seiten unbegrenzt, heulend Wellenberge erhebt und senkt, auf einem Kahn ein Schiffer sitzt, dem schwachen Fahrzeug vertrauend; so sitzt, mitten in einer Welt von Qualen, ruhig der einzelne Mensch, gestützt und vertrauend auf das principium individuationis.» Ja es wäre von Apollo zu sagen, daß in ihm das unerschütterte Vertrauen auf jenes principium und das ruhige Dasitzen des in ihm Befan-

Apollo. Zeustempel, Olympia (Foto Walter Heyer)

genen seinen erhabensten Ausdruck bekommen habe, und man möchte selbst Apollo als das herrliche Götterbild des principii individuationis bezeichnen, aus dessen Gebärden und Blicken die ganze Lust und Weisheit des «Scheines» samt seiner Schönheit, zu uns spräche.

Unter der ruhigen Klarheit des schönen Scheins bricht aber ein anderes irrationales Moment hervor, wenn der Mensch an den Erkenntnisformen der Erscheinung irre wird, ein Irrewerden, das als ungeheures Grausen bezeichnet wird:

Wenn wir zu diesem Grausen die wonnevolle Verzückung hinzunehmen, die bei demselben Zerbrechen des principii individuationis aus dem innersten Grunde des Menschen, ja der Natur emporsteigt, so tun wir einen Blick in das Wesen des Dionysischen, das uns am nächsten noch durch die Analogie des Rausches gebracht wird. Entweder durch den Einfluß des narkotischen Getränkes, von dem alle ursprünglichen Menschen und Völker in Hymnen sprechen, oder bei dem gewaltigen, die ganze Natur lustvoll durchdringenden Nahen des Frühlings erwachen jene dionysischen Regungen, in deren Steigerung das Subjektive zu völliger Selbstvergessenheit hinschwindet. Auch im deutschen Mittelalter wälzten sich unter der gleichen dionysischen Gewalt immer wachsende Scharen, singend und tanzend, von Ort zu Ort: in diesen Sankt-Johann- und Sankt-Veittänzern erkennen wir die bacchischen Chöre der Griechen wieder, mit ihrer Vorgeschichte in Kleinasien, bis hin zu Babylon und den orgiastischen Sakäen. Es gibt Menschen, die, aus Mangel an Erfahrung oder aus Stumpfsinn, sich von solchen Erscheinungen wie von «Volkskrankheiten», spöttisch oder bedauernd im Gefühl der eigenen Gesundheit abwenden: die Armen ahnen freilich nicht, wie leichtfarbig und gespenstisch eben diese ihre «Gesundheit» sich ausnimmt, wenn an ihnen das glühende Leben dionysischer Schwärmer vorüberbraust.

Unter dem Zauber des Dionysischen schließt sich nicht nur der Bund zwischen Mensch und Mensch wieder zusammen: auch die entfremdete, feindliche oder unterjochte Natur feiert wieder ihr Versöhnungsfest mit ihrem verlorenen Sohne, dem Menschen. Freiwillig beut die Erde ihre Gaben, und friedfertig nahen die Raubtiere der Felsen und der Wüste. Mit Blumen und Kränzen ist der Wagen des Dionysos überschüttet: unter seinem Joche schreiten Panther und Tiger. Man verwandle das Beethovensche Jubellied der «Freude» in ein Gemälde und bleibe mit seiner Einbildungskraft nicht zurück, wenn die Millionen schauervoll in den Staub sinken: so kann man sich dem Dionysischen nähern. Jetzt ist der Sklave freier Mann, jetzt zerbrechen alle die starren, feindseligen Abgrenzungen, die Not, Willkür oder «freche Mode» zwischen den Menschen festgesetzt haben. Jetzt, bei dem Evangelium der Weltenharmonie, fühlt sich jeder mit seinem Nächsten nicht nur vereinigt, versöhnt, verschmolzen, sondern eins, als ob der Schleier der Maja zerrissen wäre und nur noch in Fetzen vor dem geheimnisvollen Ur-Einen herumflattere. Singend und tanzend äußert sich der Mensch als Mitglied einer höheren Gemeinsamkeit: er hat das Gehen und das Sprechen verlernt und ist auf dem Wege, tanzend in die Lüfte emporzufliegen. Aus seinen Gebärden spricht die Verzauberung. Wie jetzt die Tiere reden, und die Erde Milch und Honig gibt, so tönt auch aus ihm etwas Übernatürliches: als Gott fühlt er sich, er selbst wandelt jetzt so verzückt und erhoben, wie er die Götter im Traume wandeln sah. Der Mensch ist nicht mehr Künstler, er ist Kunstwerk geworden: die Kunstgewalt der ganzen Natur, zur höchsten Wonnebefriedigung des Ur-Einen, offenbart sich hier unter den Schauern des Rausches. Der edelste Ton, der kostbarste Marmor wird hier geknetet und behauen, der Mensch, und zu den Meißelschlägen des dionysischen Weltenkünstlers tönt der eleusinische Mysterienruf: «Ihr stürzt nieder, Millionen? Ahnest du den Schöpfer, Welt?»

Das Gegensatzpaar apollinisch-dionysisch wird aus der ästhetischen Erfahrung gewonnen, und es werden damit künstlerische Mächte bezeichnet. Doch betont Nietzsche sogleich, daß es sich hier um Kräfte handelt, die aus der Natur selbst, *ohne Vermittlung des menschlichen Künstlers*, hervorbrechen, irrationale Mächte also, die sich durch nichts weiter begründen lassen. Verkörpert sich in der

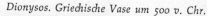

Dionysos. Griechische Vase um 500 v. Chr.

apollinischen Kunst das Prinzip der Schönheit, so schafft das Dionysische von sich aus keine schönen Formen: es ist vielmehr ein wilder,
unbezähmbarer Trieb, der das Ziel hat, sich selbst einen Ausdruck
zu geben, er ist Motor des schöpferischen Prozesses.

Nietzsches Auffassung ist es, daß in der frühgriechischen Kultur
zwei Kunstformen bestanden hätten, die diesen verschiedenen Prinzipien zuzuordnen waren, die aber schließlich in der attischen Tragödie miteinander verschmolzen sind. Die dionysische Ekstase wurde

Leierspielender Jüngling. Vom Ludovisischen Thron.
Museum of Fine Arts, Boston

in der hellenischen Kunst durch bestimmte apollinische Formen gebunden und auf diese Weise ihrer Hinfälligkeit entrissen. So ist für Nietzsche die Tragödie der Griechen aus dem dionysischen Chor entsprungen. Der ekstatische Chortanz, das heißt also: die Musik, ist der Ursprung des tragischen Mythos. Der Mythos aber wird, wenn er im Theater zur Darstellung kommt, zum tragischen Spiele. Das dionysische Urerlebnis des tragischen, mythischen Geschehens wird in einer apollinischen Form verkörpert.

Gerade in dem Augenblick jedoch, als sich die attische Tragödie zu ihrer höchsten Blüte entwickelte, entstand ihr nach Ansicht Nietzsches auch ihr größter Feind, der sie schließlich vernichtet hat: der kritische Geist griechischer Aufklärungsphilosophie, die rationalistisch und zweifelnd kein Gefühl für die Schrecklichkeit und das Geheimnis der Tragischen aufzubringen wußte. Mit Euripides schon ist die Tragödie verfälscht, Euripides aber sei bereits vom Schatten des Sokrates gezeichnet gewesen. Die sokratische Aporie und die aus ihr entstandene wissenschaftliche Fragestellung, der Geist der reinen Problemanalyse, ist für Nietzsche der Erzfeind jeder Kultur.

Die griechische Tragödie ist anders zugrunde gegangen als sämtliche ältere schwesterliche Kunstgattungen: sie starb durch Selbstmord, infolge eines unlösbaren Konfliktes, also tragisch, während jene alle in hohem Alter des schönsten und ruhigsten Todes verblieben sind. Wenn es nämlich einem glücklichen Naturzustande gemäß ist, mit schöner Nachkommenschaft und ohne Krampf vom Leben zu scheiden, so zeigt uns das Ende jener älteren Kunstgattungen einen solchen glücklichen Naturzustand: sie tauchen langsam unter, und vor ihren ersterbenden Blicken steht schon ihr schönerer Nachwuchs und reckt mit mutiger Gebärde ungeduldig das Haupt. Mit dem Tode der griechischen Tragödie dagegen entstand eine ungeheure, überall tief empfundene Leere; wie einmal griechische Schiffer zu Zeiten des Tiberius an einem einsamen Eiland den erschütternden Schrei hörten «der große Pan ist tot»: so klang es jetzt wie ein schmerzlicher Klageton durch die hellenische Welt: «die Tragödie ist tot!» ... Dionysos war bereits von der tragischen Bühne verscheucht und zwar durch eine aus Euripides redende dämonische Macht. Auch Euripides war in gewissem Sinne nur Maske: die Gottheit, die aus ihm redete, war nicht Dionysos, auch nicht Apollo, sondern ein ganz neugeborner Dämon, genannt Sokrates. Dies ist der neue Gegensatz: das Dionysische und das Sokratische, und das Kunstwerk der griechischen Tragödie ging an ihm zugrunde.

Nietzsches Überzeugung ist es jedoch, daß die sokratische Verdunklung der abendländischen Kultur, ihre Verflachung durch eine scientifisch bestimmte Weltauffassung, von einer neuen Kunst abgelöst werden wird. Die Musik – gemeint ist natürlich diejenige Richard Wagners – werde imstande sein, den tragischen Mythos neu zu beleben. Sie werde gleicherweise die philiströse Selbstgerechtigkeit der Wissenschaft wie den Aberglauben des Christentums überwinden und die Menschen zu einer neuen Form des Daseins hinküh-

Sokrates. Spätklassisch.
British Museum, London

ren. So richtet sich Nietzsche in der *Geburt der Tragödie* im 24. Abschnitt zum erstenmal öffentlich mit einem feindseligen Ausfall gegen die christliche Kirche, spricht von den Priestern und Ministranten als *böswilligen Zwergen* und sieht im Christentum nur eine andere Ausgeburt des sokratischen Geistes. Während ein tragisches Geschehen im christlichen Bewußtsein Mitleid auslöst und der unchristliche Schopenhauer von der Idee des Tragischen zum Gedanken der Entsagung hingeführt wurde, löst bei Nietzsche das tragische Bewußtsein Freude und Jubel aus: Lust an der Macht der Triebe, am dionysischen Urtaumel, am ungestalteten Chaos als dem Grund, aus dem alles Schöpferische wächst. Die Welt hat keine moralische Rechtfertigung, sondern nur eine ästhetische, sie ist nur zu verstehen als Ausdruck der Macht des Dionysos. Hier verbrüdert sich Nietzsches Denken mit der Kunsttheorie Richard Wagners.

DIE NIEDERLAGE

Wagner war es denn auch, der Nietzsche sofort schrieb: «Schöneres als Ihr Buch habe ich noch nichts gelesen!» und am 18. Januar 1872, zwei Wochen nach dem Erscheinen, schrieb Cosima: «Sie haben in diesem Buche Geister gebannt, von denen ich glaubte, daß sie einzig unserem Meister dienstpflichtig seien.» Auch Cosimas erster Gatte, Hans von Bülow, und die Freunde Rohde, von Gersdorff, Burckhardt und Overbeck hatten das Werk gutgeheißen.

Nietzsches Kollegen jedoch teilten solchen Beifall nicht. Zurückhaltung und eisiges Schweigen war die Reaktion der gelehrten Welt, die sich von Nietzsches Ansichten brüskiert sah. Der junge Professor sollte das sehr bald zu spüren bekommen. Am 30. Januar sucht er in einem Brief an Ritschl das Schweigen zu brechen:

Verehrtester Herr Geheimrat, Sie werden mir mein Erstaunen nicht verargen, daß ich von Ihnen auch kein Wörtchen über mein jüngst erschienenes Buch zu hören bekomme, und hoffentlich auch meine Offenheit nicht, mit der ich Ihnen dies Erstaunen ausdrücke. Denn dieses Buch ist doch etwas von der Art eines Manifestes und fordert doch am wenigsten zum Schweigen auf. Vielleicht wundern Sie sich, wenn ich Ihnen sage, welchen Eindruck ich etwa bei Ihnen, mein verehrter Lehrer, voraussetzte: ich dachte, wenn Ihnen irgend etwas Hoffnungsvolles in Ihrem Leben begegnet sei, so möchte es dieses Buch sein, hoffnungsvoll für unsere Altertumswissenschaft, hoffnungsvoll für das deutsche Wesen, wenn auch eine Anzahl Individuen daran zugrunde gehen sollte.

Ritschl jedoch hatte schon vor Monatsfrist in seinem Tagebuch vermerkt: «Buch von Nietzsche Geburt der Tragödie (= geistreiche Schwiemelei).» Das «Litterarische Centralblatt» lehnte eine Rezension des Werkes durch Rohde ab. Endlich erschien im Mai eine 32 Seiten lange Streitschrift von Ulrich von Wilamowitz-Moellendorff mit dem Titel: «Zukunftsphilologie! Eine Erwiderung auf Friedrich Nietzsches Geburt der Tragödie». Wilamowitz, der später einer der bedeutendsten deutschen Philologen werden sollte, damals 24 Jahre alt, war ebenfalls in Schulpforta erzogen worden und hatte gerade in Berlin promoviert. Mit Temperament und Entschiedenheit verteidigte er die von Nietzsche mit soviel Hohn bedachte Altertumswissenschaft:

«Mir ist die höchste idee die gesetzmäßige, lebens- und vernunftvolle entwicklung der welt: dankbar blicke ich auf zu den großen geistern, die derselben von stufe zu stufe schreitend ihre geheimnisse abgerungen haben; bewundernd suche ich mich dem lichte der ewigen schöne zu nahen, welche die kunst, jede erscheinung in ihrer weise, ausstrahlt; und in der wissenschaft, die mein leben füllt, bestrebe ich mich, den spuren derer zu folgen, die mir mein urteil befreit, indem ich mich willig ergab; und hier sah ich die entwicklung der jahrtausende geleugnet; hier löschte man die offenbarung der philosophie und religion aus, damit ein verwaschener pessimismus in der öde seine sauersüße fratze schneide; hier schlug man die götterbilder in trümmer, mit denen poesie und bildende kunst unseren himmel bevölkert, um das götzenbild Richard Wagner in ihrem staube anzubeten.»

Wilamowitz greift aber nicht nur die philosophische Konzeption Nietzsches an, sondern auch seine philologischen Kenntnisse. Er behauptet sogar, Nietzsche sei mit bahnbrechenden Forschungen auf seinem Gebiet in keiner Weise vertraut. Gottfried Hermann und Karl Lachmann habe er ebensowenig gelesen und verstanden wie die Schriften Winckelmanns. Auch habe Nietzsche mancherlei durcheinandergeworfen, geschichtliche Daten mißachtet und fälschlich Texte

Ulrich von Wilamowitz-Moellendorff

aus nachhomerischer Zeit der vorhomerischen Periode zugeschrieben.

Das war die Niederlage. Was half es, daß Rohde ihm riet, es sei mit Nietzsches Würde unvereinbar, auf das Pamphlet zu antworten. Was half es, daß Wagner in der «Norddeutschen Allgemeinen Zeitung» in der Form eines Offenen Briefes für Nietzsche eintrat: Wagner vermochte der wissenschaftlichen Kritik nichts Entscheidendes entgegenzusetzen. Rohde schrieb deshalb eine gelehrte Erwiderung auf Wilamowitz, die unter dem Titel «Afterphilologie» im Oktober 1872 erschien. Rohde verteidigte den Freund durch einen massiven Angriff auf Wilamowitz, den er der Dummheit und Unwahrheit zieh, auch warf er ihm Respektlosigkeit und falsche Darstellung von Nietzsches Absichten vor. Wilamowitz hat in seiner Erwiderung Anfang 1873 behauptet, Rohde habe ihm innerlich recht gegeben, seine Arbeit sei eigentlich nur ein großartiger Beweis für Rohdes Freundschaft zu Nietzsche.

Offiziell endete damit die Polemik. Doch Nietzsche wurde bald gewahr, daß er damit keinen Sieg errungen hatte. Die Philologen pflichteten im wesentlichen dem Standpunkt von Wilamowitz bei. Die Folgen sollte Nietzsche schnell spüren. Er büßte mit einem Schlage seine Reputation als Philologe ein, und die Studenten seines Faches blieben im kommenden Wintersemester 1872/73 der Universität Basel fern. Er selbst bemerkte: *Mit äußerster Not habe ich Kolleg über Rhetorik der Griechen und Römer zustande gebracht, mit zwei Zuhörern, d. h. einem Germanisten und einem Juristen.* Wenn auch nach einiger Zeit die Studenten zurückkehrten, vermochte Nietzsche doch niemals wieder seinen alten Ruf als Wissenschaftler zurückzuerlangen. Er selbst hat das bisweilen schmerzvoll empfunden. Zehn Jahre später schrieb er: *Zarathustra ist kein Gelehrter mehr.*

Die Geburt der Tragödie war zwar schon erschienen, aber jener Sturm entrüsteter Kritik, der im vorangegangenen Abschnitt geschildert wurde, noch nicht entfesselt, als Nietzsches Basler Tätigkeit einen letzten Höhepunkt erreichte. Auf Einladung der «Academischen Gesellschaft» hielt er zwischen dem 16. Januar und dem 23. März 1872 fünf Vorträge *Über die Zukunft unserer Bildungsanstalten,* die in zweierlei Hinsicht bedeutsam sind. Zunächst aus formalen Gründen. Nietzsche, der sich in der *Geburt der Tragödie* eines oft dunkel-ora-kelhaften, beschwörenden Stils bedient hatte, experimentiert hier, übrigens wenig überzeugend, mit der Form des platonischen Dialogs. Ein Philosoph, der nur allzu deutlich die Züge Schopenhauers trägt, und sein junger Begleiter, wohl Nietzsche selbst, unterhalten sich auf einer Bank bei Rolandseck am Rhein, während sie von zwei anderen jungen Leuten, von denen der eine wiederum Nietzsche ist, der andere aber eine Mischung aus Krug, Pinder, Deussen und Rohde sein könnte, belauscht werden. Die letzteren sind an den Rhein geeilt, um den Jahrestag der Gründung eines ungenannten Vereins zu feiern, in dem der bis hierher mit der Biographie Nietzsches Vertraute unschwer die «Germania» erkennt; der Philosoph und sein Adept hingegen warten auf einen noch bedeutenderen Philosophen, der jedoch nicht erscheint. Inmitten dieser beiläufig folkloristisch ausstaffierten Szene am Rhein vollzieht sich der Dialog, eine große Debatte zum Thema «Bildung», in Wirklichkeit ein Angriff gegen das deutsche Gymnasium und die Universitäten. Nietzsche, der mit siebenundzwanzigeinhalb Jahren damals immer noch ein sehr junger Professor war, wählte diese Form des Vortrags, die er später nie wieder versucht hat, möglicherweise, um seine eigene Kritik, die ja vor allem seine älteren Kollegen als Banausen und Philister treffen mußte, ein wenig durch die Autorität eines erfahreneren, abgeklärteren Geistes zu decken. Zum anderen aber ist bemerkenswert, daß Nietzsche hier zum erstenmal öffentlich als Kritiker der deutschen Kultur auftritt und gleichzeitig ein Bild des deutschen Geistes entwirft, welches den Basler Philosophen als Vorläufer jener völkischen Ideen ausweist, die in unserem Jahrhundert eine so verhängnisvolle Rolle spielen sollten.

An der Form dieser Vorträge bleibt außer der Tatsache, daß der Dialog keine innere Notwendigkeit, sondern eher ein taktischer Vorwand ist, lediglich bemerkenswert, daß die benutzten Requisiten samt und sonders aus Nietzsches bisheriger persönlicher Lebenserfahrung gewonnen wurden: die Teilnehmer sind der vergötterte Schopenhauer, die Freunde und natürlich er selbst. Das humanistische Gymnasium, das zur Kritik steht, dürfte Schulpforta mit seinem wissenschaftlichen Betrieb sein, die Verlagerung der Szene an den Rhein trifft vor allem auch Bonn, wo er sich besonders unglücklich gefühlt hatte.

Inhaltlich gehen diese Vorträge einen Schritt über *Die Geburt der*

Tragödie hinaus und können als partielle Konkretion mancher dort nur anklingender Gedanken verstanden werden. *Die Geburt der Tragödie* wandte sich gegen Sokrates und damit gegen den Geist der Aufklärung. In der Vortragsreihe *Über die Zukunft unserer Bildungsanstalten* wendet sich Nietzsche gegen das, was in seinem Jahrhundert von dieser Aufklärung greifbar ist: gegen die strenge Wissenschaft und die damit verbundene stärkere Spezialisierung der Forschung. Er wendet sich aber gleichzeitig gegen den Journalismus als Kommunikationsform der heraufkommenden Industriegesellschaft seiner Zeit.

Die Arbeitsteilung in der Wissenschaft strebt praktisch nach dem gleichen Ziele, nach dem hier und da die Religionen mit Bewußtsein streben: nach einer Verringerung der Bildung, ja nach einer Vernichtung derselben. Was aber für einige Religionen, gemäß ihrer Entstehung und Geschichte, ein durchaus berechtigtes Verlangen ist, dürfte für die Wissenschaft selbst einmal eine Selbstverbrennung herbeiführen ... In der Journalistik ... fließen die beiden Richtungen zusammen: Erweiterung und Verminderung der Bildung reichen sich hier die Hand; das Journal tritt geradezu an die Stelle der Bildung, und wer, auch als Gelehrter, jetzt noch Bildungsansprüche macht, pflegt sich an jene klebrige Vermittlungsschicht anzulehnen, die zwischen allen Lebensformen, allen Ständen, allen Künsten, allen Wissenschaften die Fugen verkittet und die so fest und zuverlässig ist wie eben Journalpapier zu sein pflegt. Im Journal kulminiert die eigentümliche Bildungsabsicht der Gegenwart: wie ebenso der Journalist, der Diener des Augenblicks, an die Stelle des großen Genius, des Führers für alle Zeiten, des Erlösers vom Augenblick getreten ist.

An den Interpreten Nietzsches liegt es, hier die ihnen jeweils genehme Nuance herauszuheben. Jede Bildungsdebatte richtet sich bis auf den heutigen Tag gegen das Fachbanausentum, gegen die Gefahren der Spezialisierung, durch die beim einzelnen das Bewußtsein des Zusammenhangs allen Wissens und Forschens verlorenzugehen droht. Die Gefahren einer Aufklärung, die sich selbst um ihre eigenen Früchte bringt, hat Nietzsche zweifellos richtig gesehen; der heutigen Kritik am Kulturbetrieb, der schließlich nur barbarische Halbbildung bewirkt, war er um Jahrzehnte voraus. Allerdings hat er als vermeintliches Positivum eine Antwort vorgezeichnet, die sich in der Folgezeit als negatives Element aller deutschen Ideologie erweisen sollte, die Vision eines deutschen Geistes, an dem die kranke Zeit genesen und die das Erscheinen eines charismatischen Führers ermöglichen soll. War in der *Geburt der Tragödie* der Gedanke, daß die deutsche Kultur, wie sie sich vor allem im Werke Richard Wagners repräsentiere, geeignet sei, den vorherrschenden Zustand sokratischer Barbarei zu überwinden und eine neue Epoche apollinisch-dionysischen Geistes heraufzuführen, nur mehr dunkel und spekulativ angeklungen, so bekennt sich schon der zweite Vortrag angesichts der Bildungsmisere zu offeneren Tönen:

Um so fester halten wir an d e m deutschen Geiste fest, der sich in der deutschen Reformation und in der deutschen Musik offenbart hat und der in der ungeheuren Tapferkeit und Strenge der deutschen Philosophie und in der neuerdings erprobten Treue des deutschen Soldaten jene nachhaltige, allem Scheine abgeneigte Kraft bewiesen hat, von der wir auch einen Sieg über jene modische Pseudokultur der «Jetztzeit» erwarten dürfen. In diesen Kampf die wahre Bildungsschule hineinzuziehen und besonders im Gymnasium die heranwachsende neue Generation für das zu entzünden, das wahrhaft deutsch ist, ist die von uns gehoffte Zukunftstätigkeit der Schule: in welcher auch endlich die sogenannte klassische Bildung wieder ihren natürlichen Boden und ihren einzigen Ausgangspunkt erhalten wird.

G. W. F. Hegel.
Stahlstich von Sichling nach Sebbers

Freilich ist Nietzsche auch gegen Hegel und damit gegen die Tendenz des Staates, die Bildung zu fördern, indem sich der Staat der Bildungsinstitutionen allzusehr bemächtigt. Seine wachsende Distanz zu dem deutsch-preußischen Staat, der sich gerade in Versailles konstituiert hat, läßt ihn hellsichtig genug den *Staat als Leitstern der Bildung* verabscheuen. Wie später alle Deutsch-Völkischen ist er aber auch für die Notwendigkeiten einer pluralistischen Gesellschaft blind. Spenglers, Georges und Jüngers Elitegedanken haben bei aller Unterschiedenheit hier ihren gemeinsamen Ursprung:

Alle Bildung fängt mit dem Gegenteile dessen an, was man jetzt als akademische Freiheit preist, mit dem Gehorsam, mit der Unterordnung, mit der Zucht, mit der Dienstbarkeit. Und wie die großen Führer der Gefährten bedürfen, so bedürfen die zu Führenden der Führer: Hier herrscht in der Ordnung der Geister eine gegenseitige Prädisposition, ja eine Art von prästabilierter Harmonie.

Diese Vision zeigt fast alle Rudimente einer romantischen Weltanschauung. Was noch fehlt, ist der Begriff des Volkes, das gegen den Staat und seine Modekultur ins Spiel zu bringen wäre. Was aber deutlich als neuer Zug in Nietzsches Weltanschauung zu den Gedanken aus der *Geburt der Tragödie* hinzutritt, ist eine Akzent-

Martin Heidegger

verschiebung der Argumentation von der ästhetischen auf die mehr historisch aktuelle Ebene: der Mensch in der Geschichte gewinnt an Bedeutung, gegenüber dem großen Künstler tritt die Vision des großen Menschen in Nietzsches Blickfeld. Burckhardts Einfluß dürfte hier eine entscheidende Rolle gespielt haben. Denn dessen Vorlesungen «Über die historische Größe» hatte Nietzsche gehört und mit seinem Autor oft diskutiert. Provinziell wie Nietzsches Herkunft ist aber das Bild des guten alten deutschen Geistes, der als Hoffnung für das Entstehen einer neuen tragischen Kultur erscheint.

Die Vorträge waren ein großer Erfolg, das gebildete Basler Bürgertum scheint an der Form der Darbietung wie auch an den weltanschaulichen Aspekten dieser Bildungsphilosophie Gefallen gefunden zu haben. Da in jenen Wochen auch die bereits erwähnte Berufung nach Greifswald zur Debatte stand und Nietzsche sich damals dafür entschied, in Basel zu bleiben, wurde das Frühjahr 1872 zur äußerlich erfolgreichsten Periode seiner Professorenlaufbahn.

Die kurz darauf einsetzenden Rückschläge, die ihn, bedingt durch die geschilderte ungünstige Aufnahme seines Buches, als Philologen disqualifizierten, vermochten seine Ansichten nicht zu erschüttern. Wenn sich *Die Geburt der Tragödie* gegen Sokrates und den mit ihm anhebenden Geist der Wissenschaft wendete, so mußte das Vorbild der griechischen Kultur nicht nur in der älteren attischen Tragödie, sondern allgemein auch bei den vorsokratischen Denkern zu suchen sein. Dementsprechend hat Nietzsche mehrfach Vorlesungen über die vorplatonischen Philosophen gehalten, so 1872, 1873 und 1876, die durchschnittlich von zehn Hörern besucht waren. Man kann sagen, daß der späte Martin Heidegger mit seiner Hinwendung zu den Vorsokratikern in Nietzsche seinen direkten Vorläufer hat, wie denn überhaupt Heideggers Werk sich vielfach mit Recht und in einem vielleicht bisher noch nicht recht gewürdigten Ausmaß auf Nietzsche berufen kann.

Der werdende Philosoph Nietzsche beschäftigt sich mit Thales, Anaximandros, Heraklit, Parmenides, Anaxagoras, Empedokles, Demokrit auf eine unhistorische, aber philosophisch dennoch legitime Art: er setzt diese Denker über die historischen und geistesgeschichtlichen Bedingtheiten hinweg miteinander ins Gespräch, eine kleine Elite im Reich des reinen Geistes, einsam und hoch über dem Volk der Griechen und allen Nachfahren der Tradition. Nietzsche stellt fest: *Andere Völker haben Heilige, die Griechen haben Weise. Man hat mit Recht gesagt, daß ein Volk nicht sowohl durch seine großen Männer charakterisiert werde als durch die Art, wie es dieselben erkenne und ehre. In anderen Zeiten ist der Philosoph ein zufälliger einsamer Wanderer in feindseligster Umgebung, entweder sich durchschleichend oder mit geballten Fäusten sich durchdrängend. Allein bei den Griechen ist der Philosoph nicht zufällig.* Nietzsche ·glaubt, daß die Betrachtung der vorsokratischen Schriften mehr vom Griechentum verrät als das Studium der griechischen Geschichte: *Wenn wir das gesamte Leben des griechischen Volkes richtig deuten, immer würden wir doch nur das Bild widergespiegelt finden, das in seinen höchsten Genien mit lichteren Farben strahlt.*

Dergleichen Gedanken sind bestechend. Ihre Schwäche besteht aber im fragmentarischen Charakter der vorsokratischen Überlieferung. Nur Bruchstücke sind erhalten, und diese oft durch spätere Zutaten ergänzt oder verfälscht. Das größte erhaltene Werk, des Empedokles «Lehrgedicht über die Natur», ist ein Fragment von 350 Versen, es mag vollständig etwa zweitausend Verse gehabt haben. Es tut den immensen philologischen Leistungen auf diesem Gebiet keinen Abbruch, wenn man feststellt, daß die Fragmente der Vorsokratiker stärker als andere Zeugnisse der philosophischen Tradition zu spekulativen Interpretationen im Sinne des eigenen Denkens verführen. So mochten gerade die Vorsokratiker Nietzsches philosophisches Selbstbewußtsein stärken. Es ging ihm nicht um die philologisch genaue und historisch wahre Rekonstruktion des Denkens dieser Weisen, sondern mehr um Impulse für seine eigenen Anschauungen. Dergleichen ist legitim, besonders für einen Denker, der die Philosophie nicht für eine beweisbare Wissenschaft hält. Um wieviel mehr noch für Nietzsche, der in der Objektivität und Unparteilichkeit des Wissenschaftlers nur dummes Philistertum sieht. Philosophie als Weltanschauung ist eine subjektive Sache, bei der das Erleben des einzelnen und seine aktive vitale Verwirklichung stets gegenüber den theoretischen Maximen der Vernunft den Vorrang hat. Das Problem der objektiven Wahrheit erscheint dabei in einem neuen Licht. Und so ist es durchaus folgerichtig, wenn Nietzsche im Jahre 1873 eine kleine Abhandlung *Über Wahrheit und Lüge im außermoralischen Sinne* schreibt, in der er bemerkt:

Was ist also Wahrheit? Ein bewegliches Heer von Metaphern, Metonymien, Anthropomorphismen, kurz eine Summe von menschlichen Relationen, die poetisch und rhetorisch gesteigert, übertragen, geschmückt wurden, und die nach langem Gebrauch einem Volke fest, kanonisch und verbindlich dünken: die Wahrheiten sind Illusionen, von denen man vergessen hat, daß sie welche sind, Meta-

phern, die ihr Bild verloren haben und nun als Metall, nicht mehr als Münzen in Betracht kommen.

Wie immer bei Nietzsche ist zweierlei im Spiel. Hier wie bei Marx scharfsinnige Einsicht in die Standpunktbezogenheit unseres gesamten Wissens – Gedanken, die in der Soziologie und in der Philosophie bei der Behandlung des Erkenntnisproblems im folgenden Jahrhundert eine entscheidende Rolle spielen sollen. Gleichzeitig aber wird in rigoroser Konsequenz Wahrheit als täuschende Konvention verstanden, ja sogar im moralischen Sinne als verbindliche Lüge bezeichnet. Nietzsche hat die Menschen und sich selbst von der Möglichkeit einer Wahrheit «an sich» suspendiert. Das ist eine wesentliche Voraussetzung seines subjektiven Denkens und aller auf ihn folgenden und sich auf ihn beziehenden Philosophen. Von den bedenklichen Auswirkungen abgesehen, bleibt eine solche Haltung verständlich als Reaktion auf den weithin platten wissenschaftlichen Fortschrittsglauben des 19. Jahrhunderts. Dieser war die zeitgemäße Form einer erstarrten Aufklärung, die sich allgemein dem blinden Optimismus verschrieben hatte. Nietzsche aber schickte sich an, ein unzeitgemäßer Philosoph zu werden.

Am Genfer See

Wenn man das Jahr 1872 in Nietzsches Leben besonders hervorhebt, so nicht, weil es das Merkmal einer Wende an sich trüge. Es gibt auch in diesem Jahr kein einzelnes überragendes Ereignis, so wenig wie zu anderen Zeiten seines Lebens, aber es ist charakteristisch als eine Zeit des Übergangs, der extremen Unruhe. Vieles kommt zusammen, was Nietzsches Neigung, sich zu zersplittern, befördert und seine schwache körperliche Konstitution außerordentlich beansprucht. Es ist das letzte Jahr, in dem Nietzsche einigermaßen gesund ist («Seit 1873 dauernd irgendwie krank», K. Jaspers), da die seit seiner Kindheit bekannten Kopfschmerzen erträglich scheinen, Augenbeschwerden und die seit der Ruhrerkrankung im Kriege auftretenden Magenleiden sich in Grenzen halten. Es ist aber auch das Jahr von Nietzsches Triumph und Niederlage als Professor. In das Frühjahr fällt der Weggang Wagners von Tribschen nach Bayreuth, das Haus der Freunde, in dem Nietzsche so glücklich war, ist plötzlich fern, ein Grund mehr zum unsteten Hinundherreisen in den Pausen zwischen den Lehrverpflichtungen. Anfang April erwägt Nietzsche zum erstenmal, die Basler Professur aufzugeben, um sich als Vortragsreisender ganz der Bayreuther Idee zu verschreiben. Zu Ostern ist er mit dem alten Freund Pinder und dem Basler Mediziner Immermann am Genfer See, wo er die *Manfred-Meditation* komponiert. Zwischen dem 25. und 27. April findet der letzte Besuch in Tribschen statt: während Wagner schon abgereist ist, hilft Nietzsche Cosima beim Verpacken von Büchern, Briefen und Manuskripten. Im Sommersemester hält Nietzsche zwei Vorlesungen, die schon erwähnte über die Vorsokratiker und eine über die Coephoren des Aischylos. Er selbst hört Burckhardts Vorlesung über «Griechische Kulturgeschichte», die am 6. Mai beginnt. Am 22. Mai finden wir Nietzsche bei der Grundsteinlegung des Festspielhauses in Bayreuth, der abends eine Aufführung der «Neunten Symphonie» von Beethoven folgte. Auch von Gersdorff und Rohde wohnen dem Ereignis bei. Hier in Bayreuth lernt Nietzsche das Fräulein Malwida von Meysenbug kennen, deren Gastfreundschaft er später in Sorrent, im Herbst 1876, als sich Nietzsche und Wagner ein letztes Mal begegnen sollten, beanspruchen wird. Den ganzen Sommer über wird Nietzsches Schwester Elisabeth in Basel sein. Ende Juni aber fährt er mit Carl von Gersdorff und Malwida von Meysenbug nach München, um den «Tristan» unter Bülow zu hören. Nietzsche ist hingerissen: *Sie haben mir den erhabensten Kunsteindruck meines Lebens erschlossen*, schreibt er an Bülow und schickt ihm gleichzeitig die *Manfred*-Komposition, die Bülow außerordentlich kritisch beurteilt, wofür Nietzsche ihm mit sachlicher Herzlichkeit in einem erstaunlichen Briefe dankt. Ende Juli kommt Deussen zu Besuch nach Basel, die beiden Freunde waren nicht glücklich miteinander. Und Ende August ist Fräulein von Meysenbug mit französischen Freunden bei Nietzsche. Im Oktober schlägt der Versuch einer Italienreise fehl – Nietzsche kehrt in Bergamo aus einem plötzlichen Widerwillen gegen Italien um. Im November trifft er sich mit Richard und Cosima Wagner in Straßburg. Die Weihnachtsferien sehen ihn bei Mutter und Schwester in Naumburg, er musiziert mit dem alten Schulfreund Gustav Krug, fährt nach Weimar, wo er zum erstenmal den «Lohengrin» hört und macht einen Besuch bei Ritschl in Leipzig. Während dieser Monate kommt die nervliche Belastung durch die Kritik der Philologen an der *Geburt der Tragödie* hinzu.

So führt er das Leben des unruhigen Wanderers, umhergetrieben im immer gleichen, relativ kleinen Freundeskreis, das Dasein einer gelehrten Existenz und ist doch kein forschender Gelehrter, ein intuitiver Geist, kein wissenschaftlicher Arbeiter.

Der unzeitgemässe Betrachter deutscher Kultur

Friedrich Nietzsche wandelt sich in den nun folgenden Jahren vom klassischen Philologen zum Kritiker seiner Zeit. Zweifellos hatte aktuelles Engagement ihn schon immer gereizt. Kritik an den Deutschen fanden wir schon in dem Hölderlin-Brief des Jünglings, Skepsis löste später die jugendliche Verehrung der preußischen Sache ab, alle Kritik an den deutschen Zuständen war aber stets nur der Reflex einer tiefen Liebe zu dem, was er als deutschen Geist pries und was sich ihm in erster Linie in der deutschen Musik von Bach bis Wagner manifestierte. Aber während bisher neben kontinuierlichen klassischen Studien aktuelle kritische Äußerungen noch nicht die Regel waren, kehrt sich das Verhältnis jetzt um. Die Isolation, in der er sich seit 1872 als Wissenschaftler befand, mag diesen Wandel befördert haben. Man kann freilich auch sagen, daß Nietzsche keinen Ehrgeiz zeigte, auf dem Gebiet der Altphilologie weiter für seine Überzeugungen zu kämpfen – er wählte einen anderen Weg. Die Tatsache, daß sein Gesundheitszustand sich nun so nachhaltig verschlechterte, mag mitbestimmend für diesen Weg gewesen sein. Nietzsches Krankheiten wurden fortan zum äußerst belastenden Problem seiner Existenz. Zwischen 1873 und 1876 entstanden die *Unzeitgemäßen Betrachtungen*, vier Schriften, die nacheinander in Einzelveröffentlichungen erschienen und die nicht zu den stärksten Zeugnissen von Nietzsches Schaffen zu rechnen sind, aber alle Zeichen des Wandels und der Neuorientierung in sich tragen und erst durch den biographischen Hintergrund ihre volle Bedeutung gewinnen. In dieser Zeit wandelt sich auch das Verhältnis zu Richard Wagner. An ihrem Ende steht die Entfremdung, die schließlich zum Bruch mit dem Bayreuther Meister führen sollte.

Die erste *Unzeitgemäße Betrachtung* trägt den Titel *David Strauß, der Bekenner und der Schriftsteller*. Sie beginnt mit einem Abschnitt, der bis heute nichts von seiner Frische verloren hat:

Die öffentliche Meinung in Deutschland scheint es fast zu verbieten, von den schlimmen und gefährlichen Folgen des Krieges, zumal

*Malwida von
Meysenbug*

eines siegreich beendeten Krieges zu reden: um so williger werden
aber diejenigen Schriftsteller angehört, welche keine wichtigere Meinung als jene öffentliche kennen und deshalb wetteifernd beflissen
sind, den Krieg zu preisen und den mächtigen Phänomenen seiner
Einwirkung auf Sittlichkeit, Kultur und Kunst jubilierend nachzugehen. Trotzdem sei es gesagt: ein großer Sieg ist eine große Gefahr.
Die menschliche Natur erträgt ihn schwerer als eine Niederlage; ja es
scheint selbst leichter zu sein, einen solchen Sieg zu erringen, als ihn
so zu ertragen, daß daraus keine schwere Niederlage entsteht. Von allen schlimmen Folgen aber, die der letzte mit Frankreich geführte
Krieg mit sich führt, ist vielleicht die schlimmste ein weit verbreite-
ter, ja allgemeiner Irrtum: der Irrtum der öffentlichen Meinung und
aller öffentlich Meinenden, daß auch die deutsche Kultur in jenem
Kampf gesiegt habe und deshalb jetzt mit Kränzen geschmückt
werden müsse, die so außerordentlichen Begebnissen und Erfolgen
gemäß seien. Dieser Wahn ist höchst verderblich: nicht etwa weil er
ein Wahn ist – denn es gibt die heilsamsten und segenreichsten Irrtümer – sondern weil er imstande ist, unseren Sieg in eine völlige
Niederlage zu verwandeln: in die Niederlage, ja Exstirpation des
deutschen Geistes zugunsten des «deutschen Reiches».
In Gedanken und Einsichten solcher Art bleibt Nietzsches Größe

auch als politischer Denker bewahrt. Ihnen gegenüber bleibt der Anlaß fast gleichgültig. Der Anlaß war in diesem Falle ein protestantischer Pfarrer, der sich auf seine Weise mit dem christlichen Glauben herumschlug und dessen Werk Nietzsche in seiner Jugend viel verdankt: David Friedrich Strauß. «Das Leben Jesu», von Strauß im Alter von 27 Jahren verfaßt, trug seinem Autor heftige Kontroversen ein. Strauß gab die Theologie auf, kehrte jedoch später wieder zu ihr zurück, als er eine neue Version seines Jugendwerkes unter dem Titel «Das Leben Jesu für das deutsche Volk bearbeitet» veröffentlichte. Was den jungen Nietzsche einst begeisterte, war die destruktive Kritik, die Strauß am Christentum übte, was ihn jetzt gegen Strauß provoziert, ist die Art von dessen Ersatzreligion: Strauß bekennt sich in seinem Spätwerk zu einem optimistischen Lebensgefühl auf der Grundlage der Wissenschaft seiner Zeit. Eine Auffassung, derzufolge die Welt vernünftig und gut ist, mußte Nietzsche verärgern; daß Strauß überdies Wagner nicht hinreichend würdigte, steigerte seinen Verdruß zur Wut. Geistesgeschichtlich ohne weitere Bedeutung bleibt diese *Unzeitgemäße Betrachtung* wie auch die ihr folgende, die erste Antwort Nietzsches auf den selbstgefälligen Fortschrittsglauben seiner Zeit. Nietzsches dionysische, antimoralische und vernunftfeindliche Lebensphilosophie richtet sich damit aber zugleich auch gegen die Aufklärung und die Tradition des europäischen Humanismus.

Die zweite *Unzeitgemäße Betrachtung* folgte rasch und erschien unter dem Titel *Vom Nutzen und Nachteil der Historie* Anfang 1874. Hegel und Eduard von Hartmann (*Schelm des Schelms*) trifft bösartige Kritik, doch ist die Untersuchung im ganzen differenzierter und sachlicher als die gegen Strauß. Drei Arten der Historie werden erläutert: die monumentalische, die antiquarische und die kritische. Alle drei bergen ihnen eigentümliche Vorteile und Gefahren. Die monumentalisch verstandene Geschichte befeuert und inspiriert, aber als Geschichte der Heroen hat sie nur eine Botschaft für die Großen dieser Welt, oder für die, welche selbst nach Größe streben. Ist aber Größe heute überhaupt noch möglich? Das verrät uns die Geschichte nicht. Deshalb können wir einen Nutzen vielleicht aus einer anderen Art der Betrachtung ziehen, der antiquarischen. Die bloß liebende und bewahrende Verehrung des Vergangenen kann jedoch lebensfeindlich wirken. Denn die Historie darf nicht dabei stehenbleiben, die Vergangenheit respektvoll anzuschauen, sie muß auch Gewesenes zerbrechen und auflösen dürfen, hier liegt ihre kritische Funktion, da alles, was entsteht, wert ist, daß es zugrunde geht. *Drum besser wär's, daß nichts entstünde.* Doch auch dieser kritisch betriebenen Historie haftet ein Mangel an: *Da wir nun einmal die Resultate früherer Geschlechter sind, sind wir auch die Resultate ihrer Verirrungen, Leidenschaften und Irrtümer, ja Verbrechen; es ist nicht möglich, sich ganz von dieser Kette zu lösen.* Nietzsches Ausweg ist eine Empfehlung für die wenigen, für eine kommende Elite, eine erste Generation, deren Vision ihn immer stärker beschäftigen wird:

Schenkt mir erst Leben, dann will ich euch auch eine Kultur daraus schaffen! — so ruft jeder einzelne dieser ersten Generation, und alle diese einzelnen werden sich untereinander an diesem Rufe erkennen. Wer wird ihnen dieses Leben schenken?

Kein Gott und kein Mensch: nur ihre eigne Jugend: entfesselt diese und ihr werdet mit ihr das Leben befreit haben. Denn es lag nur verborgen, im Gefängnis, es ist noch nicht verdorrt und erstorben — fragt euch selbst!

Aber es ist krank, dieses entfesselte Leben, und muß geheilt werden. Es ist siech an vielen Übeln und leidet nicht nur durch die Erinnerung an seine Fesseln — es leidet, was uns hier vornehmlich angeht, an der historischen Krankheit. Das Übermaß von Historie hat die plastische Kraft des Lebens angegriffen, es versteht nicht mehr, sich der Vergangenheit wie einer kräftigen Nahrung zu bedienen. Das Übel ist furcht-

David Friedrich Strauß

bar, und trotzdem! wenn nicht die Jugend die hellseherische Gabe der Natur hätte, so würde niemand wissen, daß es ein Übel ist und daß ein Paradies der Gesundheit verloren gegangen ist. Dieselbe Jugend errät aber auch mit dem heilkräftigen Instinkte derselben Natur, wie dieses Paradies wieder zu gewinnen ist; sie kennt die Wundsäfte und Arzneien gegen die historische Krankheit, gegen das Übermaß des Historischen: wie heißen sie doch?

Nun man wundere sich nicht, es sind die Namen von Giften: die Gegenmittel gegen das Historische heißen — das Unhistorische und das Überhistorische.

Als *unhistorisch* bezeichnet Nietzsche die Kraft vergessen zu können, *überhistorisch* aber den Blick auf das Ewige und Gleichbedeutende, auf die Kunst und auf die Religion, wie Nietzsche sie verstand. Wer sich so vom Zwang des Gewesenen freimachen und eine selbstvertrauende zweite Natur entwickeln kann, mag in der Einsicht einen Trost finden, daß seine erste Natur selbst einmal eine zweite war — ein auflösbares Produkt der Geschichte. Dieser Ausweg bleibt un-

Friedrich der Unzeitgemäss

klar und verschwommen. Nietzsches Protest gegen die historische Erziehung des modernen Menschen, gegen den Zwang, von Jugend auf alles historisierend zu zerlegen, scheint geglückt, seinem Gegenwurf aber haftet der Mangel an, daß er keine Anwendungsmöglichkeit enthält. Darum sollte die dritte *Unzeitgemäße Betrachtung* ein Beispiel geben für eine starke, einheitliche Persönlichkeit, soweit sie unter den herrschenden Verhältnissen als möglich gedacht werden konnte. So entstand im Frühling und Sommer 1874 der Traktat über *Schopenhauer als Erzieher*. Diese Schrift zeigt Nietzsche noch als Anhänger und Verehrer Schopenhauers, obwohl er sich zu diesem Zeitpunkt von der Schopenhauerschen Philosophie nahezu völlig gelöst haben dürfte. Was ihn aber bei Schopenhauer anzog und was er sich von diesem Meister in seiner Jugend zu bewahren suchte, war ein Bild des Philosophen, wie er es gern verstanden wissen wollte: für ihn zeichnete sich Schopenhauer durch Ehrlichkeit, Heiterkeit und Beständigkeit aus. Gegen den naiven Optimismus eines Strauß stellt er Schopenhauers *wirklich erheiternde Heiterkeit*, die Gelassenheit eines Menschen, der das Elend der Welt erkannt und dabei sich selbst gefunden hat. Solche Heiterkeit und Beständigkeit fehlte Nietzsche: es ist verständlich, daß sein Schopenhauer-Porträt deshalb die Züge eines Wunschbildes trägt. Im übrigen gibt ihm diese Betrachtung Gelegenheit, erneut seiner Vorliebe für eine heroische Geschichtsauffassung Ausdruck zu verleihen: *Der heroische Mensch verachtet sein Wohl- und Schlechtergehen, seine Tugenden und Laster und überhaupt das Messen der Dinge an seinem Maße, er hofft von sich nichts mehr und will in allen Dingen bis auf diesen hoffnungslosen Grund sehen.* Aber Nietzsche hegte dennoch verstohlen die Hoffnung, daß derjenige, der in allem nur die Unwahrheit sucht und der Lüge auf der Spur ist, schließlich doch auf einen rettenden Grund positiver Lebenserfahrung stößt. Die konkrete Möglichkeit dieser Lebenserfahrung bleibt unausgesprochen. Deshalb ist es für Interpreten leicht, hier Nietzsches Nähe zu den Gedanken der «Existenzerfahrung», etwa bei Kierkegaard oder Jaspers, zu betonen.

WAGNER IN DER DISTANZ

Die vierte *Unzeitgemäße Betrachtung* mit dem Titel *Richard Wagner in Bayreuth* drückt am stärksten Nietzsches Wandel aus und zeugt zugleich von der Verlegenheit, Wagner wie früher öffentlich preisen zu wollen, obwohl Nietzsche selbst inzwischen ein kritisch distanziertes Verhältnis zur Wagnerschen Kunst gefunden hatte. Wie stets bei Nietzsche waren persönliche Umstände auch bei diesem Wandel seiner Auffassung stark mitbeteiligt. Der enge familiäre Kontakt zu den Wagners ließ sich in der alten Form nicht mehr fortsetzen, als Wagner nach Bayreuth ging und die räumliche Entfernung zwischen den Freunden größer wurde. Wir sahen zwar Nietzsche bei der Grundsteinlegung des Festspielhauses im Mai 1872 in

Bayreuth, und im Spätherbst traf er sich mit Richard und Cosima in Straßburg. Aber eine in den Weihnachtsferien 1872/73 ergangene Einladung Wagners schlug Nietzsche, der in Naumburg war, aus, worüber Wagner sich recht verstimmt zeigte. Nietzsche, ebenso leicht verletzbar wie Wagner, war besorgt und holte den Besuch in den Osterferien mit Rohde nach. Doch die aus der Schweiz vertraute Atmosphäre vermochte sich für Nietzsche nicht einzustellen. Nietzsche hatte gehofft, sein halbfertiges Manuskript über *Die Philosophie im tragischen Zeitalter der Griechen* diskutieren zu können, statt dessen drehten sich die Gespräche um Sorgen, die Wagner hatte: das ganze Bayreuther Unternehmen litt ebensosehr an Geldmangel wie am fehlenden Interesse der Öffentlichkeit. Nietzsche war enttäuscht wie ein Kind, daß der Meister keine Neigung zeigte, sich auf die altgriechischen Denker einzulassen, mehr noch, er war enttäuscht, einen ganz anderen Wagner zu finden. Das war nicht der in der Verbannung lebende Dichter und Musiker, mit dem man geistige Freuden teilte, sondern plötzlich ein Mensch, der aktiv für die Durchsetzung seines Lebenswerkes kämpfte. Nietzsche war verwirrt. Seine Unsicherheit kommt in den Zeilen an Wagner vom 18. April 1873 zum Ausdruck:

Verehrtester Meister, ich lebe in fortwährendem Angedenken an die Bayreuther Tage dahin, und das viele in kürzester Zeit neu Gelernte und Erfahrene breitet sich in immer größerer Fülle vor mir aus. Wenn Sie nicht zufrieden mit mir bei meiner Anwesenheit schienen, so begreife ich es nur zu gut, ohne etwas daran ändern zu können, denn ich lerne und perzipiere sehr langsam und erlebe in jedem Moment bei Ihnen etwas, woran ich nie gedacht habe und was mir einzuprägen mein Wunsch ist. Ich weiß es recht wohl, teuerster Meister, daß Ihnen ein solcher Besuch keine Erholung sein kann, ja mitunter unerträglich sein muß. Ich wünschte mir oft wenigstens den Anschein einer größeren Freiheit und Selbständigkeit, aber vergebens. Genug, ich bitte Sie, nehmen Sie mich nur als Schüler, womöglich mit der Feder in der Hand und dem Hefte vor sich ... Es ist wahr, ich werde täglich melancholischer, wenn ich so recht fühle, wie gern ich Ihnen irgendwie helfen, nutzen möchte und wie ganz und gar unfähig ich dazu bin, so daß ich nicht einmal etwas zu Ihrer Zerstreuung und Erheiterung beitragen kann.

Der Brief liest sich wie die etwas törichte Bekundung eines Liebhabers, der seine Eifersucht nur schlecht verbergen kann. Und doch ist Nietzsches Abhängigkeit und Hörigkeit Wagner gegenüber zu diesem Zeitpunkt nicht mehr so groß, wie es scheinen möchte. Wenige Wochen zuvor hatte Nietzsche an Gersdorff geschrieben, daß er Wagner *in allen Hauptsachen* die Treue halte, aber *in kleinen untergeordneten Nebenpunkten und in einer gewissen für mich notwendigen beinahe «sanitarisch» zu nennenden Enthaltung von häufigerem persönlichen Zusammensein* müsse er sich seine Freiheit wahren. Darin zeigt sich deutlich Nietzsches ins Wanken geratene Verhältnis zu Wagner. Seine Bewunderung für den Meister geriet in Konflikt mit der eigenen Neigung, sich nicht unterzuordnen und selbst in allen persönlichen Beziehungen und gar in jeder Freundschaft die führende Rolle spielen zu wollen. Daher mögen es vor allem auch Rivalitätsgefühle gewesen sein, die Nietzsche die Augen öffneten, so daß er Wagner allmählich anders sah und seinem Werk kritischer begegnete, Gefühle, die bewirkten, daß schwärmerische Liebe, unmerklich zunächst, aber doch unaufhaltsam, in Haßliebe sich verwandelte. Vielleicht war es auch die Haßliebe des verhinderten Musikers, der Nietzsche war – viel Unwägbares dieser Art mag hier mitgespielt haben.

Dennoch schien die Freundschaft nicht ernsthaft gefährdet zu sein. Nietzsches Brief zu Wagners sechzigstem Geburtstag im Mai 1873 war von echter Herzlichkeit, und im Herbst ergab sich für Nietzsche die Gelegenheit, dem Freund wirklich Hilfe anbieten zu können. Das Festspielhaus-Komitee bat Nietzsche, einen Aufruf zu verfassen, um das Volk zur Zeichnung von Spenden zu veranlassen. Nietzsche entwarf ein für diesen Zweck wenig geeignetes Pamphlet, dem er den Titel *Mahnruf an die Deutschen* gab und in dem er sich gereizt gegen die wandte, die Wagners Kunst bisher gleichgültig begegnet waren. Auf der Versammlung der Delegierten der Wagner-Vereine, die vom 30. Oktober bis zum 3. November in Bayreuth tagte, wurde

Bayreuth: das Festspielhaus

Richard Wagner

Nietzsches von Wagner zunächst gutgeheißener *Mahnruf* jedoch abgelehnt und durch den milderen Aufruf eines anderen Autors ersetzt. Praktische Hilfe konnte Nietzsche dem gefährdeten Unternehmen auf diese Weise nicht leisten. Aber im Sommer 1876, rechtzeitig vor dem Beginn der ersten Bayreuther Festspiele, sollte er mit der Publikation der vierten *Unzeitgemäßen Betrachtung* noch einmal öffentlich für Wagner eintreten.

Die ersten acht Abschnitte dieser vierten *Unzeitgemäßen Betrachtung* hatte Nietzsche bereits 1875 geschrieben, doch im Oktober stockte die Arbeit, und erst die Tatsache, daß die Festspiele tatsächlich zustande kamen, gab ihm Anlaß, die Betrachtung im Frühjahr 1876 rasch zu beenden. Die Schrift *Richard Wagner in Bayreuth* verrät über Nietzsches Wandlung mehr, als sie über Wagner Neues zutage fördert. Sie zeigt einen Nietzsche, der zwar von der Größe der Wagnerschen Kunst überzeugt ist, aber die Bewunderung ist gemessen, es fehlt der enthusiastische Überschwang, das Phänomen Wagner ist plötzlich der Analyse zugänglich, der Mensch, der Musiker und der Schriftsteller Wagner werden nacheinander betrachtet. In den ersten Abschnitten skizziert Nietzsche ein psychologisch treffendes Bild Wagners, seiner Bedeutung, seiner Schwierigkeiten und seines verwegenen Kampfes. Wagner wird als große Persönlichkeit hingestellt, es fehlt wiederum nicht der Vergleich mit dem klassischen Altertum und ebensowenig der Angriff auf die aufklärerische Vernunft, auf den lebensfeindlichen Einfluß des Denkens. Einer Kritik auf den gegenwärtigen pervertierten Zustand der Kultur folgen im sechsten und siebten Abschnitt einige hymnische Passagen, die wie ein Rückgriff auf die *Geburt der Tragödie* scheinen und Wagner als dithyrambischen Dramatiker feiern. Aber schon ist auch die Rede von der *geheimnisvollen Gegnerschaft,* in die der Betrachtende einer solchen Persönlichkeit gegenüber gedrängt wird. Wurde die Schrift noch unter dem Eindruck begonnen, daß die Bayreuther Idee noch immer gefährdet sei, so sind die letzten Abschnitte bereits in der Gewißheit auf den bevorstehenden Festspielsommer geschrieben. Die Voraussetzungen hatten sich inzwischen geändert, das mag ein Grund dafür sein, warum diese Betrachtung so uneinheitlich und widersprüchlich wirkt. Schwerwiegender war aber wohl, daß Nietzsche während dieser Zeit seinen Glauben an Wagner verloren hatte. Schwache Apologetik vermag deshalb gegen den Schluß der Abhandlung kaum die Kritik verbergen. So etwa, wenn Nietzsche seine Leser belehrt:

Vor allem aber sollte niemand, der über Wagner, den Dichter und Sprachbildner, nachdenkt, vergessen, daß keines der Wagnerschen Dramen bestimmt ist, gelesen zu werden, und also nicht mit den Forderungen behelligt werden darf, welche an das Wortdrama gestellt werden.

Darin liegt das Eingeständnis beschlossen, daß Wagners Sprache unzulänglich ist. Wagner im ganzen habe etwas von Demosthenes an sich: *...den furchtbaren Ernst der Sache und die Gewalt des Griffs.* Dergleichen klingt heroisierend und ist doch zugleich kritisch: Wagner besitzt nicht die gelöste Heiterkeit, die Nietzsche Schopenhauer nachsagte und uns so sehr gepriesen hatte. Und weiter heißt es über Wagner, den Schriftsteller, er zeige den Zwang des tapferen Menschen, dem man die rechte Hand zerschlagen habe und der nun

mit der Linken fechte: *Er ist immer ein Leidender, wenn er schreibt, weil er der rechten Mitteilung auf seine Weise, in Gestalt eines leuchtenden und siegreichen Beispiels, durch eine zeitweilig unüberwindliche Notwendigkeit beraubt ist.* Schließlich fragt Nietzsche, *was Wagner diesem Volke sein wird,* und findet im Schlußsatz der Betrachtung die kritische Antwort: – *etwas, das er uns allen nicht sein kann, nämlich nicht der Seher einer Zukunft, wie er uns vielleicht erscheinen möchte, sondern der Deuter und Verklärer einer Vergangenheit.* Damit hat Nietzsche sich am Vorabend der ersten Bayreuther Festspiele von Wagner gelöst: Wagner ist kein Seher der Zukunft – die Gabe der Prophetie wollte Nietzsche für sich selbst beanspruchen. So offenbart eine Arbeit, die äußerlich als Festschrift für Bayreuth daherkommt, in Wahrheit, daß Nietzsche im Begriff steht, mit vielem zu brechen. Gebrochen wird auch mit der Auffassung der *Geburt der Tragödie,* daß die Kunst das Leben zu erlösen vermöge. Der dithyrambische Künstler steht nicht mehr an erster Stelle, die Kunst vermag immer nur ein vereinfachtes Bild des verwickelten Lebens zu geben.

Tatsächlich ist die letzte der *Unzeitgemäßen Betrachtungen* auch in wachsender persönlicher Distanz zu Wagner geschrieben worden. Das Jahr 1873 hatte die ersten Enttäuschungen der Freundschaft gebracht: Wagner war im Januar verärgert über Nietzsches Fernbleiben, und im April war Nietzsche es, der von seinem nachgeholten

Besuch in Bayreuth deprimiert war. Im Herbst wurde sein *Nachruf* verworfen. Eine besonders freundliche Einladung der Wagners im Frühsommer 1874 schlug Nietzsche wiederum aus, um statt dessen in ein Alpendorf zu fahren und um den Schopenhauer-Aufsatz zu beenden. Im August gingen Nietzsche und seine Schwester dann doch nach Bayreuth, zur Freude von Richard und Cosima Wagner. Aber Nietzsche war ein eher zurückhaltender Gast, der es überdies darauf anzulegen schien, Wagner zu reizen. Am 8. und 9. Juni hatte Nietzsche in Basel Brahms gehört und sich einen Klavierauszug des «Triumphliedes» beschafft. Diesen brachte er nach Bayreuth mit, um Wagner, der gegen die Brahms'sche Musik nur Widerwillen hegte, zu provozieren. Wagner explodierte: «Ich merkte wohl, Nietzsche wollte uns damit sagen: sieh mal, das ist auch einer, der etwas Gutes machen kann. – Na, und eines Abends bin ich losgebrochen, und wie losgebrochen!» Zwei eitle verletzliche Naturen gerieten so aneinander. Aber während Wagners Zorn fast augenblicklich verrauchte, fühlte Nietzsche sich noch lange Zeit gekränkt. Nietzsche kam nach diesem verunglückten Besuch erst zu den Festspielproben im Juli 1876 wieder nach Bayreuth, traf also fast zwei Jahre nicht mit Wagner zusammen.

Dabei gaben sich Richard und Cosima alle erdenkliche Mühe um den Freund. Sie lobten den Essay über *Schopenhauer als Erzieher* ganz außerordentlich und zeigten sich um sein Wohlergehen ernsthaft besorgt. Nietzsche hatte aber damals keineswegs die Absicht, nach dem Schopenhauer-Aufsatz die *Unzeitgemäßen Betrachtungen* mit einem Preislied auf Wagner zu beschließen. Er begann vielmehr an einem Manuskript zu arbeiten, das den Titel *Wir Philologen* trug und in dem ältere, bereits bekannte Überlegungen über Griechentum und Erziehung neu formuliert wurden. Das Interesse erlahmte bald, die Schrift wurde nie vollendet. Auch dies darf man als Zeichen des Wandels, der Unsicherheit und der Krise nehmen. Der stärkere gesellschaftliche Anschluß an einen Kreis junger Kollegen in Basel brachte im Herbst einige Entspannung. Aber zum Jahreswechsel war Nietzsche in einer so gedrückten Stimmung, daß

Wagner ihn in einem von unvermindert herzlicher Freundschaft getragenen Brief anflehte, sein Leben zu ändern:

«Ihr Brief hat uns wieder viel Bekümmernis über Sie gegeben. Meine Frau wird Ihnen dieser Tage ausführlicher schreiben. Ich hab' aber gerade eine Zweite-Feiertags-Frei-Viertelstunde, die ich Ihnen doch – vielleicht zu Ihrem Ärger – zuwenden möchte, um Sie zunächst etwas davon erfahren zu lassen, was wir so über Sie gesprochen haben. Unter anderem fand ich, daß ich einen solchen männlichen Umgang, wie Sie ihn in Basel für die Abendstunden haben, in meinem Leben nicht hatte: seid Ihr alle Hypochonder, dann ist's allerdings nicht viel wert... Ich meinte, Sie müßten heiraten oder eine Oper komponieren; eines würde Ihnen so gut und schlimm wie das andere helfen. Das Heiraten halte ich aber für besser. –

Einstweilen könnte ich Ihnen ein Palliativ empfehlen; aber Sie richten immer Ihre Apotheke im voraus so ein, daß man sein Mittel nicht anbringen kann. Z. B. wir hier richten unser Haus usw. so ein, daß wir gerade auch für Sie ein Unterkommen darin bereiten, wie mir in meinen höchsten Lebensnöten es angeboten worden ist; da sollten Sie nun die vollen Sommerferien mit uns verbringen. Aber – höchst vorsichtig melden Sie uns bereits im Anfang des Winters, daß Sie beschlossen haben, die Sommerferien auf einem recht hohen und einsamen Schweizerberge zu verbringen! Klingt das nicht wie sorgfältige Abwehr einer etwaigen Einladung unsererseits? Wir können Ihnen etwas sein; warum verschmähen Sie das angelegentlichst? – Gersdorff und das ganze Basilikum könnten sich die Zeit hier gefallen lassen...

Auch will ich gar nicht mehr von Ihnen reden, denn es hilft doch nichts!

Ach, Gott! heiraten Sie eine reiche Frau! Warum muß nur Gersdorff gerade eine Mannsperson sein! Dann reisen Sie, und bereichern sich an all den herrlichen Erfahrungen, welche Hillebrand [1] so vielseitig und (in Ihren Augen) beneidenswert machen, und – komponieren Ihre Oper, die aber gewiß schändlich schwer aufzuführen werden wird. – Welcher Satan hat Sie nur zum Pädagogen gemacht! –»

Im Januar 1875 schrieb Cosima Wagner an Nietzsche mit der Bitte, ob seine Schwester Elisabeth während einer von den Wagners geplanten Reise in Bayreuth Haushalt und Kinder betreuen könne. Nietzsche stimmte sofort zu; der Gedanke, sich auf diese Weise die Freunde neu zu verpflichten, ohne sich selbst engagieren zu müssen, schien ihm willkommen. Dennoch gab es in dieser Zeit immer wieder Momente echter Begeisterung für Wagner. Zu Ostern 1875 kaufte Nietzsche sich den eben veröffentlichten Klavierauszug der «Götterdämmerung» und schrieb über diese Musik: *Das ist der Himmel auf Erden.* Auch begann er nun den Aufsatz über *Wagner in Bayreuth* durchaus mit dem Vorsatz, etwas für Wagner zu tun. Im Au-

---

1 Der Verfasser einer Theorie der Ästhetik, über den Wagner und Nietzsche verschiedener Ansicht waren.

gust des gleichen Jahres, als Nietzsche zu einer Kur in Steinabad im Schwarzwald war, schrieb er an Rohde: *Und bin nicht in Bayreuth! ...Ich begreife es fast nicht. Und doch bin ich mehr als drei Viertel des Tages im Geiste dort und schwirre wie ein Gespenst immer um Bayreuth herum. Du darfst nicht fürchten, mir die Seele lüstern zu machen, erzähle nur ein bißchen viel, liebster Freund, ich dirigiere mir auf meinen Spaziergängen oft genug ganze Teile der Musik, die ich auswendig weiß und brummle dazu.* Aber zwei Monate später heißt es in einem anderen Brief an Rohde: *Meine Betrachtung unter dem Titel «Richard W. in Bayreuth» wird nicht gedruckt, sie ist fast fertig, ich bin aber weit hinter dem zurückgeblieben, was ich von mir fordere; und so hat sie nur für mich den*

Johannes Brahms

Wert einer neuen Orientierung über den schwersten Punkt unserer bisherigen Erlebnisse. Ich stehe nicht darüber und sehe ein, daß mir selber die Orientierung nicht völlig gelungen ist – geschweige denn, daß ich anderen helfen könnte!

Nietzsche war sich des eigenen Versagens gegenüber Wagner als dem schwersten Punkt seines bisherigen Lebens durchaus bewußt. Gleichwohl wurde die Arbeit, wie wir inzwischen wissen, im Frühjahr 1876 fertiggestellt, und im Juli erschien sie bereits im Druck. Nietzsche sandte zwei Exemplare nach Bayreuth. Dabei war ihm nicht wohl in seiner Haut: *Wie Sie selber diese Bekenntnisse aufnehmen werden, kann ich diesmal gar nicht erraten.* Doch die Furcht war unbegründet: Wagner, von Arbeit überladen, bemerkte offenbar weder den Wandel in Nietzsches Auffassung noch die Widerhaken der Kritik. Denn die Antwort lautete: «Freund! Ihr Buch ist ungeheuer! – Wo haben Sie nur die Erfahrung von mir her? – Kommen Sie nur bald und gewöhnen Sie sich durch die Proben an die Eindrücke.»

Dieser Einladung leistete Nietzsche rasch Folge. Ende Juli kam er nach Bayreuth, aber schon wenige Tage später klagt er der Schwester: *Ich sehne mich weg ... Mir graut vor jedem dieser langen Kunstabende ... Ich habe es ganz satt.*

Zu dem ästhetischen Mißvergnügen gesellte sich eine rapide Verschlechterung seines Gesundheitszustandes. Noch vor der ersten Generalprobe floh Nietzsche aus Bayreuth in den Bayrischen Wald. Hier machte er erste Aufzeichnungen zu *Menschliches Allzumenschliches*, nichts zeigt deutlicher, wie weit er sich von dem ganzen Wagner-

77

Rummel entfernt hatte. Nach zehn Tagen kehrte er auf Bitten seiner Schwester nach Bayreuth zurück, um der ersten öffentlichen Vorstellung des «Rheingold» beizuwohnen. Er blieb jetzt in Bayreuth, sah sich aber die anderen Aufführungen des «Ringes» nicht mehr an.

Nietzsche hatte mit Wagner innerlich gebrochen. Zwölf Jahre später sollte er in der Schrift *Nietzsche contra Wagner* sich noch einmal Rechenschaft über diesen Prozeß geben: *Schon im Sommer 1876, mitten in der Zeit der ersten Festspiele, nahm ich bei mir von Wagner Abschied. Ich vertrage nichts Zweideutiges; seitdem Wagner in Deutschland war, kondeszendierte er Schritt für Schritt zu allem, was ich verachte – selbst zum Antisemitismus... Es war in der Tat damals die höchste Zeit, Abschied zu nehmen: alsbald schon bekam ich den Beweis dafür. Richard Wagner, scheinbar der Siegreichste, in Wahrheit ein morsch gewordener verzweifelnder décadent, sank plötzlich, hilflos und zerbrochen, vor dem christlichen Kreuze nieder...* Die letzte Begegnung erfolgte im Herbst des gleichen Jahres in Sorrent. Nietzsche verbrachte den ganzen Winter dort bei Malwida von Meysenbug; daß auch Wagners vom 5. Oktober bis zum 5. November in Sorrent ihre Ferien verbringen sollten, dürfte Zufall gewesen sein. An einem der letzten Tage seines Aufenthaltes erzählte Wagner bei einem Spaziergang vom «Parsifal», mit dessen Ausführung er gerade begonnen hatte. Wagner sprach mit jener Vitalität und erzählerischen Phantasie, die Nietzsche einst so bei ihm schätzte. Er bekundete wohl auch, wie ernst es ihm mit der Gestaltung der spezifisch christlichen Motive des Parsifal-Stoffes sei. Nietzsche verfiel in eisiges Schweigen, entschuldigte sich dann plötzlich und verschwand in der Dämmerung. Die beiden Männer sahen sich nie wieder.

Damit war die für Nietzsches Leben bedeutsamste Freundschaft zu Ende gegangen. Das persönliche Nachspiel, welches den immer noch unausgesprochenen Bruch offiziell werden ließ, sollte sich erst 1878 ereignen. Im Januar schickte Wagner, wohl noch ganz nichtsahnend und ohne jeden Groll gegen Nietzsche, ein Exemplar des «Parsifal»

an Nietzsche. Dieser äußerte sich Wagner gegenüber nicht, sparte aber nicht mit Kritik im Freundeskreise. Im Mai schickte er das gerade fertig gewordene Buch *Menschliches Allzumenschliches* mit einer albernen Widmung an Richard und Cosima Wagner. Doch Nietzsches kaum versteckte Angriffe gegen Wagner, der in diesem Werk nur als *der Künstler* apostrophiert wird, verletzten die Bayreuther Freunde wohl mit Recht. Sie hüllten sich in Schweigen, und lediglich im Augustheft der «Bayreuther Blätter» deutete Wagner in dem Aufsatz «Publikum und Popularität» spöttische Kritik über Nietzsches Auffassungen an. Im übrigen verhielt sich Wagner, der für seine Ruchlosigkeit gegenüber Freunden bekannt war, recht gemäßigt. Mit einer Intervention in Bayreuth aber hatte Nietzsches Schwester kein Glück: der Bruch war endgültig.

Peter Gast

*Ich bin am Ende des fünf-
unddreißigsten Lebensjahres;
die «Mitte des Lebens», sagte
man anderthalb Jahrtausende
lang von dieser Zeit; Dante
hatte da seine Vision und
spricht in den ersten Worten
seines Gedichts davon. Nun
bin ich in der Mitte des Lebens so «vom Tod umgeben»,
daß er mich stündlich fassen
kann; bei der Art meines Leidens muß ich an einen plötzlichen Tod, durch Krämpfe,
denken (obwohl ich einen
langsamen klarsinnigen, bei
dem man noch mit seinen
Freunden reden kann, hun-
dertmal vorziehen würde,
selbst wenn er schmerzhafter
wäre). Insofern fühle ich mich
jetzt dem ältesten Manne
gleich; aber auch darin, daß
ich mein Lebenswerk getan
habe. Ein guter Tropfen Öles
ist durch mich ausgegossen
worden, das weiß ich, und
man wird es mir nicht vergessen. Im Grunde habe ich
die Probe zu meiner Betrach-*
tung des Lebens schon gemacht: Viele werden sie noch machen. Mein
Gemüt ist durch die anhaltenden und peinlichen Leiden bis diesen
Augenblick noch nicht niedergedrückt, mitunter scheint es mir sogar
als ob ich heiterer und wohlwollender empfände als in meinem ganzen früheren Leben: wem habe ich diese stärkende und verbessernde
Wirkung zuzumessen? Den Menschen nicht, denn, ganz wenige ausgenommen, haben sich in den letzten Jahren alle «an mir geärgert»
und sich auch nicht gescheut, es mich merken zu lassen.*

FREUNDSCHAFTEN UND HEIRATSPLÄNE

Nietzsche, der diese Zeilen am 11. September 1879 aus St. Moritz
an seinen Freund Peter Gast schrieb, war in der Zeit, die wir im
vorausgegangenen Kapitel behandelt haben, bereits ein schwerkran-
ker Mann. Zu den mancherlei körperlichen Leiden, die sein Leben

fast dauernd begleiteten und die immer heftiger und tückischer wurden, gesellte sich stets auch das seit seiner Kindheit bekannte Leiden an der Welt, die Schwierigkeit im Umgang mit Menschen, der übersteigerte Anspruch an Freunde. Nicht nur Wagner hatte sich an Nietzsche «geärgert». Die Zuneigung seines Lehrers und einst so väterlichen Freundes Ritschl, der 1876 starb, war längst vorher erloschen, auch die Beziehung zu Rohde, der inzwischen eine Professur in Jena hatte, lockerte sich. Mit Gersdorff kam es zum Bruch, als dieser sich anschickte, eine junge Italienerin zu heiraten, und Nietzsche es für richtig fand, sich einzumischen, um dem Freund die Verbindung auszureden. Freilich waren an die Stelle der verlorenen neue Freunde getreten: So Malwida von Meysenbug, Paul Reé und vor allem Heinrich Köselitz, der unter seinem Künstlernamen Peter Gast in die Nietzsche-Forschung einging.

Der junge Musiker Peter Gast war 1875 nach Basel gekommen, um Nietzsche kennenzulernen. War er durch die Lektüre von Nietzsches Schriften schon stark beeindruckt, so löste die persönliche Bekanntschaft mit Nietzsche, dessen Vorlesung er besuchte, eine solche Bewunderung aus, daß Gast fortan Nietzsche als äußerst dienstbarer Verehrer verbunden bleiben sollte. Nietzsche war seinerseits von dem Musiker und Menschen Gast angetan, und aus einem rein praktischen Grunde wurde der neue Freund bald ganz unentbehrlich. Peter Gast besaß eine besonders schöne und lesbare Handschrift. Er konnte für Nietzsche nach dem Diktat schreiben und später die Reinschriften vor dem Druck anfertigen und erwarb sich so nicht nur Verdienste um Nietzsche, sondern auch dessen volles Vertrauen. Im Jahre darauf – nach Bayreuth – begann die Freundschaft mit dem Maler und Schriftsteller Reinhard von Seydlitz. Nietzsche bedurfte wegen seiner fortschreitenden Krankheit aber nicht nur eines aufopfernden Freundes wie Gast, sondern auch einer kontinuierlichen Pflege. Nur dieser Umstand dürfte schuld daran sein, daß Nietzsches Schwester Elisabeth sich zunehmend in sein Leben hineindrängen und sich vieler seiner Geschäfte annehmen konnte. Elisabeth bewohnte seit August 1875 mit ihrem Bruder eine gemeinsame Wohnung in Basel. Da sie sich aber auch um die Mutter in Naumburg zu kümmern hatte, blieb ihre Hilfe und Pflege sporadisch, wenngleich Nietzsche sie immer mehr in Anspruch nehmen mußte. So blieb als Existenzform weiterhin sein unruhiges Leben zwischen Basel und zahlreichen Orten in Deutschland, Italien und der Schweiz, Aufenthalten bei Freunden oder zu Kurzwecken, Flucht vor immer unerträglicher werdenden Schmerzen durch häufigen Klimawechsel. Nietzsche war immer auf der Suche nach der ihm physisch und psychisch zuträglichen Umgebung.

1876 und 1877 versuchte er das Problem auf eine Weise zu lösen, die Wagner ihm bereits Anfang 1875 empfohlen hatte: Nietzsche trug sich mit Heiratsgedanken, um seinem unsteten Leben etwas mehr Ruhe zu geben. Im März und April 1876 weilte er am Genfer See, es war eine seiner unzähligen Erholungsreisen, Gersdorff

Elisabeth Nietzsche

begleitete ihn, und gemeinsam lasen die Freunde Manzonis «Die Verlobten». Während dieser Zeit lernte er Mathilde Trampedach kennen, eine junge Holländerin, der er nach wenigen Tagen und nach einem vierstündigen Spaziergang einen Antrag machte. Freilich erfolgte der Antrag schriftlich und am Vorabend seiner Abreise. Nietzsche, dem ein solcher Schritt zweifellos Hemmungen bereitete, fühlte sich schließlich durch den Umstand ermuntert, daß das Fräulein Trampedach Longfellows «Excelsior» gelesen und in diesem Buche ihre Lebensanschauung gefunden hatte. So entschloß er sich zu folgenden, artig formulierten und doch ebenso ungelenken wie ungezogen wirkenden Zeilen:

Mein Fräulein! Sie schreiben heute abend etwas für mich, ich will auch etwas für Sie schreiben. –

Nehmen Sie allen Mut Ihres Herzens zusammen, um vor der Frage nicht zu erschrecken, die ich hiermit an Sie richte: Wollen Sie meine Frau werden? Ich liebe Sie und mir ist es, als ob Sie schon zu mir gehörten. Kein Wort über das Plötzliche meiner Neigung! Wenigstens ist keine Schuld dabei, es braucht also auch nichts entschuldigt zu werden. Aber was ich wissen möchte ist, ob Sie ebenso empfinden wie ich – daß wir uns überhaupt nicht fremd gewesen sind, keinen Augenblick! Glauben Sie nicht auch daran, daß in einer Verbindung jeder von uns freier und besser werde als er es vereinzelt werden könnte, also exzelsior? Wollen Sie es wagen mit mir zusammen zu gehen, als mit einem, der recht herzlich nach Befreiung und Besserwerden strebt? Auf alle Pfade des Lebens und des Denkens? Nun seien Sie freimütig und halten Sie nichts zurück. Um diesen Brief und meine Anfrage weiß niemand als unser gemeinsamer Freund Herr von Senger. Ich reise morgen um 11 Uhr mit dem Schnellzuge nach Basel zurück, ich muß zurück; meine Adresse für Basel lege ich bei. Können Sie auf meine Frage ja! sagen, so werde ich sofort Ihrer Frau Mutter schreiben, um deren Adresse ich Sie dann bitten würde. Gewinnen Sie es über sich, sich schnell zu entschließen, mit Ja! oder Nein – so trifft mich ein briefliches Wort von Ihnen bis morgen um 10 Uhr Hotel garni de la Poste.

Alles Gute und Segensvolle für immerdar Ihnen wünschend
Friedrich Nietzsche

Das ist eine plötzliche, aber temperamentlose Werbung, die wenig von Nietzsches tatsächlicher Zuneigung verrät und desto deutlicher seine Gehemmtheit zeigt: der Liebhaber kündigt gleichzeitig seine Abreise an und erbittet briefliche Antwort. Nur später kam er nach der Bekanntschaft mit Lou Salomé noch einmal dem Gedanken an eine Heirat so nahe. In Sorrent aber war es zunächst Malwida von Meysenbug, die ihm erneut Heiratspläne nahelegte. Darüber schrieb er am 25. April 1877 an die Schwester:

Nichts Heiteres als Dein Brief, liebste Schwester, der in allen möglichen Punkten den Nagel auf den Kopf traf. Mir ging es so schlimm! Innerhalb 14 Tagen lag ich 6 Tage zu Bett mit 6 Hauptanfällen, der letzte ganz zum Verzweifeln. Ich stand auf, da legte sich Frl. v. Meysenbug auf drei Tage wegen Rheumatismus. In aller Tiefe unsres Elendes lachten wir sehr zusammen, als ich ihr einige ausgewählte Stellen des Briefes vorlas. – Der Plan nun, welchen Frl. v. M. als unverrückbar im Auge zu behalten bezeichnet und an dessen Ausführung Du mithelfen mußt, ist der: Wir überzeugen uns, daß es mit meiner Baseler Universitätsexistenz auf die Dauer nicht gehen kann, daß ich sie höchstens auf Unkosten aller meiner wichtigeren Vorhaben und doch mit totaler Preisgebung meiner Gesundheit durchsetzen könnte. Freilich werde ich den nächsten Winter in diesen Ver-

hältnissen dort noch zubringen müssen, aber Ostern 1878 soll es zu Ende sein, falls die andre Kombination gelingt, d. h. die Verheiratung mit einer zu mir passenden, aber notwendig vermöglichen Frau. «Gut, aber reich» wie Frl. v. M. sagte, über welches «Aber» wir sehr lachten. Mit dieser würde ich dann die nächsten Jahre in Rom leben; welcher Ort für Gesundheit, Gesellschaft und meine Studien gleich geeignet ist. In diesem Sommer soll nun das Projekt gefördert werden, in der Schweiz, so daß ich im Herbst verheiratet nach Basel käme. Verschiedne «Wesen» sind eingeladen, in die Schweiz zu kommen, mehrere Dir ganz fremde Namen darunter, z. B. Elise Bülow aus Berlin, Elsbeth Brandes aus Hannover. Den geistigen Qualitäten nach finde ich immer Nat. Herzen am besten geeignet. Mit der Idealisierung der kl. Köckert in Genf hast Du viel geleistet! Lob, Ehr und Preis! Aber es ist doch bedenklich; und Vermögen? –

So ist es also um Nietzsche zu jener Zeit bestellt. Daß er sich notfalls von ganz bürgerlichen Gesichtspunkten her zu einer reinen Zweckheirat verstehen will, paßt schlecht zum Bild dieses Einzelgängers, gibt uns aber eine Vorstellung vom Ausmaß seiner körperlichen Beschwerden. Doch heißt es bereits im Juni des gleichen Jahres: *Die Verheiratung, sehr wünschenswert zwar, – ist doch die unwahrscheinlichste Sache, das weiß ich sehr deutlich!*

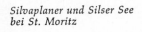
*Silvaplaner und Silser See
bei St. Moritz*

AUFGABE DER PROFESSUR

Krankheiten und Schmerzen nahmen in dieser Zeit kein Ende mehr. Immer wieder mußte Nietzsche sich von seiner Lehrtätigkeit beurlauben lassen. Und da die Heiratspläne im Sande verliefen, blieb nur jener andere, bereits von ihm angedeutete Weg, den Lehrstuhl in Basel aufzugeben. Es kam hinzu, daß das Leben äußerlich für Nietzsche im Sommer 1878 schwerer geworden war: Ende Juni wurde der Basler Haushalt aufgelöst, weil seine Schwester für immer zur Mutter nach Naumburg zurückkehrte. Anfang 1879 verschlechterte sich sein Befinden noch mehr, die Anfälle mit heftigen Kopf- und Augenschmerzen und ständigem Erbrechen wurden die Regel. So sah Nietzsche sich gezwungen, am 2. Mai sein Entlassungsgesuch an den Regierungspräsidenten von Basel zu richten. Sechs Wochen später wurde die Entpflichtung ausgesprochen, die Universität verabschiedete ihn mit ehrlichem Bedauern. Trotz allen Schwierigkeiten hatte man Nietzsches Leistungen hochgeschätzt. Man gewährte ihm eine Pension von 3000 Franken im Jahr. Seine letzten beiden Vorlesungen im Wintersemester 1878/79 galten den *Griechischen Lyrikern* und der *Einleitung in das Studium Platons.* Nietzsche reiste zunächst mit der Schwester nach Schloß Bremgarten bei Bern; als Elisabeth kurz darauf zur Mutter zurückkehren mußte, übernahm Overbecks Schwiegermutter in Zürich die Pflege. Ende Juni aber war Nietzsche zum erstenmal im Oberengadin und hier verspürte er sogleich etwas Erleichterung:

. . . vielleicht ist doch St. Moritz das Rechte. Mir ist, als wäre ich im Lande der Verheißung . . . Zum ersten Male Gefühle der Erleichterung . . . Es tut gut. Hier will ich lange bleiben. Und zwei Wochen später: *Ich bin viel krank, habe vier Tage schon im Bett gelegen und jeder Tag hat seine Elendsgeschichte und trotzdem! Ich halte es besser aus als irgendwo. Mir ist, als hätte ich lange gesucht und endlich gefunden. An Besserung denke ich gar nicht mehr, geschweige denn an Genesung. Aber Aushalten-Können ist sehr viel.*

Die Geschichte von Nietzsches Krankheit hat durch Jahrzehnte viele Autoren zu Untersuchungen angeregt, deren Ergebnisse zum Teil stark voneinander abweichen. Karl Jaspers hat in seiner Nietzsche-Biographie ein vorsichtiges Resümee der wichtigsten Feststellungen und der vorherrschenden Theorien gegeben und dabei gezeigt, wie vieles offengelassen werden muß. Die allgemein anerkannte These, daß Nietzsches geistiger Zusammenbruch, der seit Ende 1888 ganz deutlich wird, mit größter Wahrscheinlichkeit Symptom einer Paralyse ist, hat vielfach dazu geführt, Nietzsches ganze Krankheitsgeschichte von diesem Ende her zu verstehen und dementsprechend alle möglichen Beschwerden der vorausgehenden Jahre als Vorstadium der Paralyse anzusehen. Der Ursprung der Krankheit wäre dann in der Studentenzeit anzusetzen, in der sich Nietzsche möglicherweise einer syphilitischen Infektion ausgesetzt hat. Deussen berichtet in seinen «Erinnerungen an Nietzsche», wie Nietzsche bei einem Besuch in Köln von einem Dienstmann angeblich irrtümlich in ein Bordell gebracht wurde. Nietzsche hat nach Deussens Darstellung am nächsten Tag dem Freund diesen Vorfall und besonders die Flucht aus dem Kreis der leichten Mädchen mit einiger Melodramatik geschildert. Selbst wenn der Bericht verläßlich ist, so bleibt fraglich, ob wirklich eine Infektion vorlag und ob in diesem Fall hier die Ursache der Hirnerkrankung zu suchen ist. Es gibt eine umstrittene Theorie, die statt dessen annimmt, Nietzsche habe durch den Mißbrauch von Giften und Medikamenten diese Krankheit ausgelöst, andere glauben, daß die Krankheitserscheinungen seit 1873 mit einem psychoneurotischen Prozeß zusammenhänge, der durch die innere Loslösung von Richard Wagner ausgelöst wurde. Spekulationen dieser Art bringen nicht viel ein, sie werden töricht nur dann, wenn man aus ihnen den Schluß zieht, daß Nietzsches ganzes Schaffen seit etwa 1866 das Werk eines Geisteskranken gewesen sei. Krankheit und Werk stehen im Leben Nietzsches zweifellos in einer bestimmten Beziehung zueinander, die aber «geheimnisvoll» nur bleibt, weil wir zu wenig über die Ursachen seiner Krankheiten wissen. Festhalten müssen wir jedoch, daß spezifische Symptome von Nietzsches Krankheit schon in der Kindheit auftreten. So war Nietzsche bereits im Sommer 1856 vom Domgymnasium wegen ständiger Kopf- und Augenschmerzen beurlaubt. 1862 wiederholen sich in Pforta die starken Kopfschmerzen. Im Krankenbuch zu Pforta wird Nietzsche als «ein vollsaftiger, gedrungener Mensch mit auffallend stierem Blick, kurzsichtig und oft von wanderndem Kopfweh geplagt» beschrieben. Die Kopf- und Augenschmerzen verstärken sich in den siebziger Jahren zu migräneartigen Anfällen. Davon sicher unabhängig sind die Brustverletzung durch einen Sturz vom Pferde während des Militärdienstes (März 1868) und die Kriegserkrankung vom September 1870: Ruhr und Rachendiphtheritie. Die Ruhr durfte für die dann folgenden jahrelangen Unterleibsbeschwerden mitverantwortlich sein.

Venedig: Ponte di Rialto

1879 verschlechterte sich Nietzsches Gesamtbefinden derart, daß Ende des Jahres ein Tiefpunkt erreicht scheint. Die Anfälle rufen sogar vereinzelt Bewußtlosigkeit hervor. Ob Nietzsche Anfang 1880 tatsächlich glaubte, daß alsbald sein Ende nahe sei, möge dahingestellt bleiben, nachdem Karl Schlechta erwiesen hat, daß die Abschiedsbriefe vom 31. 12. 1879 und 16. 1. 1880 spätere Fälschungen der Schwester sind. Sicher ist, daß die Anfälle im Verlauf der achtziger Jahre stark zurückgehen, daß plötzlich nie gekannte euphorische Stimmungen auftreten, Schaffensperioden von höchster Verzückung, denen Perioden der Leere und des Unbehagens folgen. Jaspers hat besonders darauf hingewiesen, daß die Symptome, von denen Nietzsche selbst berichtet, in dieser Spätphase seines Schaffens weitgehend andere sind als die der siebziger Jahre. Im übrigen wird man vor Ende der achtziger Jahre Nietzsche nicht als Geisteskranken bezeichnen dürfen. Andererseits ist es wohl verständlich, daß bei einem Menschen, der von früher Jugend von Leiden verschiedenster Art fast ständig heimgesucht war, manche seiner Reaktionen und Gewohnheiten von seiner Krankheit beeinflußt sind. Wenn einzelne Betrachter Nietzsches behauptet haben, der Bruch mit Wagner habe zu neurotischen Störungen geführt, die Nietzsches Gesundheit entscheidend erschütterten, so wird man umgekehrt mit mindestens demselben Recht argumentieren dürfen, daß Nietzsches katastrophaler gesundheitlicher Zustand in jenen Jahren den Bruch mitbewirkt hat, weil Nietzsche, durch die Krankheit übersensibel und reizbar geworden, zu schroff reagierte.

MENSCHLICHES ALLZUMENSCHLICHES

Während sich Nietzsches Gesundheit so unaufhaltsam verschlechterte, entstand die Schrift *Menschliches Allzumenschliches*. Die Aufzeichnungen, 1876 in den Tagen der Flucht aus Bayreuth begonnen, erschienen 1878. Es folgten Nachträge: 1879 die *Vermischten Meinungen und Sprüche* und 1880: *Der Wanderer und sein Schatten*, die 1886 bei einem Nachdruck zusammengefaßt und von Nietzsche als zweiter Band von *Menschliches Allzumenschliches* bezeichnet wurden. Schon der Umfang dieser Schrift (nach der Schlechtaschen Ausgabe beinahe 600 Seiten!) zeigt, daß Nietzsche trotz seiner Krankheit und seinem unsteten Leben in jenen Jahren fast ständig geschrieben hat.

Ob Nietzsche in Basel war, in Sorrent oder in Bad Ragaz, in Naumburg, Bad Bex (im Kanton Waadt), in Chur, in Riva am Gardasee sich aufhielt oder in Venedig, das er im Frühjahr 1880 mit Peter Gast zum erstenmal besuchte und seitdem besonders liebte – er muß unaufhörlich mit seinen Manuskripten beschäftigt gewesen sein. Solcher Wanderschaft hatte sich die Arbeitstechnik anzupassen. Durch Krankheit und ständige Reisen gab es keine kontinuierlichen Ausarbeitungen am Schreibtisch. Statt dessen entstanden laufend kurze Aufzeichnungen, Notizen, Aphorismen und fragmentarische Essays. So sammelte sich bald umfangreiches Material, aus dem Nietzsche immer wieder auswählen konnte und das bei entsprechender Gelegenheit jeweils überarbeitet und endgültig ausformuliert wurde.

Die vielen Reisen waren schon an sich nicht ohne Beschwerden, Mühen und Ärger. Über die Rückreise von Sorrent in die Schweiz hat Nietzsche einen ausführlichen Bericht an Malwida von Meysenbug am 13. Mai 1877 aus Lugano geschickt, der an Anschaulichkeit nichts zu wünschen übrigläßt.

Das menschliche Elend bei einer Meerfahrt ist schrecklich und doch eigentlich lächerlich, ungefähr so wie mir mitunter mein Kopfschmerz vorkommt, bei dem man sich in ganz blühenden Leibesumständen befinden kann – kurz, ich bin heute wieder in der Stimmung des «heitern Krüppeltums», während ich auf dem Schiffe nur die schwärzesten Gedanken hatte und in bezug auf Selbstmord allein darüber im Zweifel blieb, wo das Meer am tiefsten sei, damit man nicht gleich wieder herausgefischt werden und seinen Errettern noch dazu eine schreckliche Masse Gold als Sold der Dankbarkeit zu zahlen habe. Übrigens kannte ich den schlimmsten Zustand der Seekrankheit ganz genau aus der Zeit her, wo ein heftiges Magenleiden mich mit dem Kopfschmerz im Bruderbunde quälte: es war «Erinnerung halb verklungener Zeiten». Nur kam die Unbequemlichkeit hinzu, in jeder Minute dreimal – bis achtmal die Lage zu wechseln und zwar bei Tag und Nacht: sodann in nächster Nähe Gerüche und Gespräche einer schmausenden Tischgesellschaft zu haben, was über alle Maßen ekelerregend ist. In Livornos Hafen war es Nacht, es regnete: trotzdem wollte ich hinaus; aber kaltblütige Verheißungen des Kapitäns hielten mich zurück. Alles im Schiffe tollte mit großem Lärme hin und her, die Töpfe sprangen und bekamen Leben, die Kinder schrien, der Sturm heulte; «ewige Schlaflosigkeit war mein Los», würde der Dichter sagen. Die Ausschiffung hatte neue Leiden; ganz voll von meinem gräßlichen Kopfschmerz, hatte ich doch stundenlang die schärfste Brille auf der Nase und mißtraute jedem. Die Dogana ging leidlich vorbei, doch vergaß ich die Hauptsache, nämlich mein Gepäck für die Eisenbahn einschreiben zu lassen. Nun ging eine Fahrt nach dem fabelhaften Hotel National los, mit zwei Spitzbuben auf dem Kutscherbock, welche mit aller Gewalt mich in eine elende Trattoria absetzen wollten: fortwährend war mein Gepäck in andern Händen, immer keuchte ein Mann mit meinem Koffer vor mir her. Ich wurde ein paarmal wütend und schüchterte den Kutscher ein, der andere Kerl riß aus. Wissen Sie, wie ich ins Hôtel de Londres gekommen bin? Ich weiß es nicht, kurz es war gut; nur der Eintritt war greulich, weil ein ganzes Gefolge von Strolchen bezahlt werden wollte. Dort legte ich mich gleich zu Bett und sehr leidend! Am Freitag, bei trübem regnerischen Wetter, ermannte ich mich um Mittag und ging in die Gallerie des Palazzo Brignole; und erstaunlich, der Anblick dieser Familienporträts war es, welcher mich ganz heraushob und begeisterte; ein Brignole zu Pferd, und ins Auge dieses gewaltigen Streitrosses der ganze Stolz dieser Familie gelegt – das war etwas für mein deprimiertes Menschentum! Ich achte persönlich Van Dyck und Rubens höher, als alle Maler der Welt. Die andern Bilder ließen mich kalt, ausgenommen eine sterbende Kleopatra von Guercino. So kam ich wieder ins Leben zurück, und saß den übrigen Tag still und mutig in meinem Hotel. Am nächsten Tage gab es eine andre Erheiterung. Die ganze Reise von Genua nach Mailand machte ich mit einer sehr angenehmen jungen Ballerina eines Mailänder Theaters zusammen; Camilla era molto simpatica, o Sie hätten mein Italienisch hören sollen! Wäre ich ein Pascha gewesen, so hätte ich sie mit nach Pfäfers genommen, wo sie mir, bei der Versagung geistiger Beschäftigungen, etwas hätte vortanzen können. Ich bin immer noch von Zeit zu Zeit ein bißchen ärgerlich über mich, daß ich ihretwegen nicht wenigstens ein paar Tage in Mailand geblieben bin. Nun näherte ich mich der Schweiz und fuhr die erste Strecke auf der Gotthardbahn, welche fertig geworden ist, von Como nach Lugano. Wie bin ich doch nach Lugano gekommen? Ich wollte eigentlich nicht recht, aber ich bin da. Als ich die Schweizer Grenze passierte, unter heftigem Regen, gab es einen einmaligen starken Blitz und Donnerschlag. Ich nahm es als gutes Omen hin, auch will ich nicht verschweigen, daß, je mehr ich mich den Bergen näherte, mein Befin-

den immer besser wurde. In Chiasso entfernte sich mein Gepäck auf zwei verschiedenen Zügen voneinander, es war eine heillose Verwirrung, dazu noch Dogana. Selbst die beiden Schirme folgen entgegengesetzten Trieben. Da half ein guter Packträger, er sprach das erste Schweizerdeutsch; denken Sie, daß ich es mit einer gewissen Rührung hörte: ich merkte auf einmal, daß ich viel lieber unter Deutschschweizern lebe, als unter Deutschen.

Welche Abenteuer und welche Qualen! Und wenn Nietzsche auch als weltläufiger Reisender mit dergleichen Schwierigkeiten immer wieder fertig wurde, wenn er auch alles mit Vergnügen registrierte, was seine Reisen an Ergötzlichem und Erheiterndem boten, so zeigen doch die Strapazen, denen dieser kranke Mensch ausgesetzt war, unter welchen ungewöhnlichen zusätzlichen Belastungen Nietzsches Schaffen stand. In diesem Klima gedieh *Menschliches Allzumenschliches.*

Nietzsche gab seiner Abhandlung den Untertitel *Ein Buch für freie Geister,* und es ist in der Tat als ein einziger großer Versuch zu verstehen, wieder zu sich selbst zu kommen und die Fesseln überkommener Vorstellungen, die ihn quälten, zu sprengen. Dieser Durchbruch gelang in doppelter Weise: Nietzsche, der Denker, hatte zu einer neuen Lebenseinsicht gefunden, und Nietzsche, der Schriftsteller, hatte die ihm gemäße Form des Ausdrucks entdeckt, die vorwiegend aphoristische Schreibweise. Es ist müßig, zu betonen, daß das Werk in vielem autobiographisch ist. Aber für die neue Art der Betrachtung lassen sich auch Paten angeben. Einmal ist es Nietzsches neuer Freund Paul Reé, der 1875 seine «Psychologischen Betrachtungen» veröffentlicht hatte. Reé betonte in keineswegs origineller Weise die Bedeutung der Eigenliebe für das menschliche Verhalten. Nietzsche war stark beeindruckt. Die übrigen Paten aber sind die französischen Moralisten und Epigrammatiker: Montaigne, La Rochefoucauld, La Bruyère, Chamfort und Stendhal. Hier fand Nietzsche seine Vorbilder für einen fein geschliffenen Stil, für eine aphoristische Fassung der Gedanken, für eine bei allem Engagement spöttisch und skeptisch distanzierte Betrachtungsweise. Alles bisher Geschaffene hatte nur den Charakter von Präludien, mit diesem Buch beginnt das Werk des reifen Nietzsche. Ein Buch für freie Geister! Für Menschen, die frei vom Aberglauben und vom Idealismus sind. Für Nietzsche hieß das zunächst, Freiheit zu gewinnen von Schopenhauer und den Täuschungen der Metaphysik, wie er einst sich vom christlichen Dogma befreit hatte, frei zu werden auch von den bisherigen, Wagner verpflichteten ästhetischen Anschauungen. Daß er das Exempel des freien Geistes an sich selbst statuiert, verrät die Schrift mehr als einmal. So heißt es: *Ich bin passioniert für die Unabhängigkeit, ich opfere ihr alles — wahrscheinlich weil ich die abhängigste Seele habe und an allen kleinsten Stricken mehr gequält werde als andere an Ketten.*

Neues zieht herauf: hatte er sich unter dem moralphilosophischen Einfluß Schopenhauers und unter dem erkenntnistheoretischen Kants stets dazu bekannt, daß die Welt nicht so ist, wie sie uns erscheint, ja daß die Erscheinungen und unsere Vorstellungen falsch sind, so hatte er doch geglaubt, daß die Wirklichkeit dennoch *an sich* einen tieferen Sinn habe. Jetzt aber wird ihm bewußt, daß die Wirklichkeit keine ihr eigene Bedeutung hat. Sie existiert und hat ein Sein, aber sie hat keinen ihr von sich aus innewohnenden Sinn: *Vielleicht erkennen wir ... daß das Ding an sich eines homerischen Gelächters wert ist: daß es soviel, ja alles schien und eigentlich leer, nämlich bedeutungsleer ist.* Dennoch gibt es auch keine metaphysische Welt, keine «eigentliche» Realität hinter den Dingen, beziehungsweise hinter den oberflächlichen Erscheinungen, keinen gesetzgebenden Weltlenker und kein Jenseits. Folglich sind auch die traditionellen moralphilosophischen Kategorien sinnlos: Gut und Böse existieren an sich nicht. Die sogenannten bösen Handlungen sind solche aus Gründen der Selbsterhaltung, das Gute beruht auf Konventionen:

Alle «bösen» Handlungen sind motiviert durch den Trieb der Erhaltung oder, noch genauer, durch die Absicht auf Lust und Vermeiden der Unlust des Individuums; als solchermaßen motiviert aber nicht böse. «Schmerz bereiten an sich» existiert nicht, außer im Gehirn der Philosophen, ebensowenig «Lust bereiten an sich» (Mitleid im Schopenhauerschen Sinne). Der Moralität geht der Zwang voraus, ja sie selber ist noch eine Zeitlang Zwang, dem man sich, zur Vermeidung der Unlust, fügt. Später wird sie Sitte, noch später freier Gehorsam, endlich beinahe Instinkt: dann ist sie wie alles lang Gewöhnte und Natürliche mit Lust verknüpft – und heißt nun Tugend.

Aber auch die Kunst hat ihre führende Rolle ausgespielt. Im vierten Abschnitt, der *Aus der Seele der Künstler und Schriftsteller* überschrieben ist, revidiert Nietzsche die eigene dionysische Vorstellung, derzufolge die Kunst das Leben zu erlösen vermöchte. Er nimmt Abschied von Wagner, der, hier immer nur als «der Künstler» bezeichnet, bereits der *Abendröte der Kunst* angehört:

Den Künstler wird man bald als ein herrliches Überbleibsel ansehen und ihm, wie einem wunderbaren Fremden, an dessen Kraft und Schönheit das Glück früherer Zeiten hing, Ehren erweisen, wie wir sie nicht gleich unseresgleichen gönnen. Das Beste an uns ist vielleicht aus Empfindungen früherer Zeiten vererbt, zu denen wir jetzt auf unmittelbarem Wege kaum mehr kommen können; die Sonne ist schon hinuntergegangen, aber der Himmel unseres Lebens glüht und leuchtet noch von ihr her, ob wir sie schon nicht mehr sehen.

Neu ist auch bei dem Antiaufklärer Nietzsche der Zug zu einer skeptischen Rationalität. Auf den Zusammenbruch des dionysischen Irrationalismus, auf die Leugnung metaphysischer Transzendenz folgt die Berufung auf die *Freiheit der Vernunft. Der Mensch mit sich allein* kann nur als sich immer wieder distanzierender Wanderer der Wüste der Wirklichkeit entkommen; nur diese Wanderschaft ohne Ziel verbürgt Offenheit zur Welt und damit Freiheit. In § 638, dem letzten des ersten Bandes, hat Nietzsche diesen Zustand unvergleichlich und zugleich mit einer Schönheit der Sprache, die schon auf den *Zarathustra* weist, beschrieben:

Der Wanderer. – Wer nur einigermaßen zur Freiheit der Vernunft gekommen ist, kann sich auf Erden nicht anders fühlen denn als Wanderer, – wenn auch nicht als Reisender nach einem letzten Ziele: denn dieses gibt es nicht. Wohl aber will er zusehen und die Augen dafür offen haben, was alles in der Welt eigentlich vorgeht; deshalb darf er sein Herz nicht allzufest an alles einzelne anhängen; es muß in ihm selber etwas Wanderndes sein, das seine Freude an dem Wechsel und der Vergänglichkeit habe. Freilich werden einem solchen Menschen böse Nächte kommen, wo er müde ist und das Tor der Stadt, welche ihm Rast bieten sollte, verschlossen findet; vielleicht, daß noch dazu, wie im Orient, die Wüste bis an das Tor reicht, daß die Raubtiere bald ferner, bald näher her heulen, daß ein starker Wind sich erhebt, daß Räuber ihm seine Zugtiere wegführen. Dann sinkt für ihn wohl die schreckliche Nacht wie eine zweite Wüste auf die Wüste, und sein Herz wird des Wanderns müde. Geht ihm dann die Morgensonne auf, glühend wie eine Gottheit des Zorns, öffnet sich die Stadt, so sieht er in den Gesichtern der hier Hausenden vielleicht noch mehr Wüste, Schmutz, Trug, Unsicherheit als vor den Toren – und der Tag ist fast schlimmer als die Nacht. So mag es wohl einmal dem Wanderer ergehen; aber dann kommen, als Entgelt, die wonnevollen Morgen anderer Gegenden und Tage, wo er schon im Grauen des Lichtes die Musenschwärme im Nebel des Gebirges nahe an sich vorübertanzen sieht, wo ihm nachher, wenn er still, in dem Gleichmaß der Vormittagsseele, unter Bäumen sich ergeht, aus deren Wipfeln und Laubverstecken heraus lauter gute und helle Dinge zugeworfen werden, die Geschenke aller jener freien Geister, die in Berg, Wald und Einsamkeit zu Hause sind und welche, gleich ihm, in ihrer bald fröhlichen bald nachdenklichen Weise, Wanderer und Philosophen sind. Geboren aus den Geheimnissen der Frühe, sinnen sie darüber nach, wie der Tag zwischen dem zehnten und zwölften Glockenschlage ein so reines, durchleuchtetes, verklärt-heiteres Gesicht haben könne: – sie suchen die Philosophie des Vormittags.

Auf die Abendröte der Kunst folgt die Morgenröte der Philosophie, deren Aufgabe es ist, alle bisherigen Werte umzudrehen.

Die Nachträge *Vermischte Meinungen und Sprüche* und *Der Wanderer und sein Schatten*, später als zweiter Band zusammengefaßt, variieren den neuen Themenkreis noch unsystematischer. Sie gewinnen oft zugleich an aphoristischer Kürze und an Konkretion, etwa die Gedanken über die Zukunft des Christentums, vor allem aber zahlreiche Auslassungen über die Deutschen, deutsches Wesen, deutsche Eigenschaften und Unarten. Nach Heinrich Heine wird Nietzsche mit dieser Schrift zum scharfsichtigsten Kritiker der Deutschen im 19. Jahrhundert. Vieles davon liest sich taufrisch, es beeindruckt durch die Prophetie des Autors und hat nichts von seiner Wahrheit verlo-

Morgenröthe.

Gedanken
über
die moralischen Vorurtheile.

Von

Friedrich Nietzsche.

„Es giebt so viele Morgenröthen, die
noch nicht geleuchtet haben."
Rigveda

Neue Ausgabe
mit einer einführenden Vorrede.

Leipzig,
Verlag von E. W. Fritzsch.
1887.

Titelentwurf Nietzsches für die neue Ausgabe der «Morgenröte», 1887 ren. Beispielhaft dafür ist der 324. Aphorismus der *Vermischten Meinungen und Sprüche*:

Ein Ausländer, der in Deutschland reise, mißfiel und gefiel durch einige Behauptungen, je nach den Gegenden, in denen er sich aufhielt. Alle Schwaben, die Geist haben, – pflegte er zu sagen – sind kokett. – Die anderen Schwaben aber meinten noch immer, Uhland sei ein Dichter und Goethe unmoralisch gewesen. – Das Beste an den deutschen Romanen, welche jetzt berühmt würden, sei, daß man sie nicht zu lesen brauche: man kenne sie schon. – Der Berliner erscheine gutmütiger als der Süddeutsche, denn er sei allzusehr spottlustig und vertrage deshalb Spott: was Süddeutschen nicht begegne. – Der Geist der Deutschen werde durch ihr Bier und ihre Zeitungen niedergehalten: er empfehle ihnen Tee und Pamphlete, zur Kur natürlich. – ...Die gefährlichste Gegend in Deutschland sei Sachsen und Thüringen: nirgends gäbe es mehr geistige Rührigkeit und Menschenkenntnis, nebst Freigeisterei, und alles sei so bescheiden durch die häßliche Sprache und die eifrige Dienstbeflissenheit dieser Bevölkerung versteckt, daß man kaum merke, hier mit den geistigen Feldwebeln Deutschlands und seinen Lehrmeistern in Gutem und Schlimmen zu tun zu haben. – Der Hochmut der Norddeutschen werde durch ihren Hang, zu gehorchen, der der Süddeutschen durch ihren Hang, sichs bequem zu machen, in Schranken gehalten. – Es schiene ihm, daß die deutschen Männer in ihren Frauen ungeschickte, aber sehr von sich überzeugte Hausfrauen hätten: sie redeten so beharrlich gut von sich, daß sie fast die Welt und jedenfalls ihre Männer von der eigens deutschen Hausfrauen-Tugend überzeugt hätten. – Wenn sich dann das Gespräch auf Deutschlands Politik nach außen und innen wendete, so pflegte er zu erzählen – er nannte es: verraten –, daß Deutschlands größter Staatsmann nicht an große Staatsmänner glaube. – Die Zukunft der Deutschen fand er bedroht und bedrohlich: denn sie hätten verlernt, sich zu freuen (was die Italiener so gut verstünden), aber sich durch das große Hazardspiel von Kriegen und dynastischen Revolutionen an die Emotion gewöhnt, folglich würden sie eines Tages die Emeute haben. Denn dies sei die stärkste Emotion, welche ein Volk sich verschaffen könne. – Der deutsche Sozialist sei eben deshalb am gefährlichsten, weil ihn keine bestimmte Not treibe; sein Leiden sei, nicht zu wissen, was er wolle; so werde er, wenn er auch viel erreiche, doch noch im Genusse vor Begierde verschmachten, ganz wie Faust, aber vermutlich wie ein sehr pöbelhafter Faust. «Den Faust-Teufel nämlich», rief er zuletzt, «von dem die gebildeten Deutschen so geplagt wurden, hat Bismarck ihnen ausgetrieben: nun ist der Teufel aber in die Säue gefahren und schlimmer als je vorher!»

Mit der Veröffentlichung erwarb sich Nietzsche keine neuen Freunde. Wir wissen bereits, daß *Menschliches Allzumenschliches* den Bruch mit Wagner besiegelte, doch auch Rohde war mit dem Buch unzufrieden, das ihm einen Nietzsche zeigte, den er nicht verstand und ablehnte. Daß Nietzsche die Verantwortung des Menschen für sein

Das Nietzsche-Haus in Sils-Maria

Handeln in einer an sich sinnlosen Welt leugnete, brachte ihn besonders auf: «An eine solche Lehre wird mich niemand jemals glauben machen; kein Mensch glaubt daran, auch Du nicht.»

Nietzsche wußte selbst, daß er sich gewandelt hatte. Und obwohl seine Krankheit ihn damals an die Grenze des Erträglichen trieb, hat er in diesem Werk den ersten Schritt zur Genesung gesehen. Diesen Prozeß hat er in der späteren Vorrede von 1886 sorgfältig beschrieben. Das Vorrecht des freien Geistes, auf den Versuch hin zu leben, und der Wille zur Gesundheit werden ebenso betont wie das eigentliche Neue, das dem Wanderer in der Wüste begegnet: ... *das Fragezeichen einer immer gefährlicheren Neugierde. Kann man nicht alle Werte umdrehn? und ist Gut vielleicht Böse? und Gott nur eine Erfindung und Feinheit des Teufels? Ist alles vielleicht im letzten Grunde falsch? Und wenn wir Betrogene sind, sind wir nicht ebendadurch auch Betrüger? müssen wir nicht auch Betrüger sein?* Es ist, als habe Nietzsche mit diesen Fragen den Kompaß bezeichnet, der ihn künftig auf seiner an Entdeckungen reichen Wanderschaft den Weg wies. Die *Morgenröte, Gedanken über menschliche Vorurteile* fügen sich bruchlos an die Aphorismen von *Menschliches Allzumenschliches* an. Die Delikatessen der neuen stilistischen Freiheit werden voll ausgekostet, das Thema verfeinert sich, wird leichter, ja heiterer abgehandelt, ohne daß wirklich neue Einsichten hinzutreten. Auch das dritte Aphorismenbuch *Die fröhliche Wissenschaft* gehört in diesen

95

Am Weg nach Sils

Zusammenhang. Es sind Werke, die auf dem gleichen Material der vielen Aufzeichnungen jener Jahre beruhen, herrliche Fundgruben im einzelnen, insgesamt aber von einer gewissen thematischen Monotonie, die sie untereinander in großen Teilen austauschbar erscheinen läßt. *Die fröhliche Wissenschaft* aber wird zugleich Präludium zum *Zarathustra*. Nietzsche hatte sich dabei als Genesender verstanden.

AUFBRUCH INS LAND ZARATHUSTRAS

Im Frühjahr 1880 reiste Nietzsche von Naumburg zum erstenmal nach Venedig. Peter Gast war bei ihm, sein Gesundheitszustand besserte sich allmählich. Er las Stifters «Nachsommer» und begann nach jenem Tiefpunkt am Jahresende langsam wieder zu arbeiten. Als die Hitze Ende Juni zu groß wurde, siedelte er nach Marienbad ins Engadin um, besuchte im September Mutter und Schwester in Naumburg, traf auf der Rückreise in den Süden Overbeck in Basel, verbrachte den Oktober am Lago Maggiore und reiste dann weiter nach Genua, um dort den Winter zu verbringen. Nietzsches Gesundheitszustand hatte sich wieder verschlechtert. So sehr er sich auch zeitweise in seine Genueser Dachstuben-Einsamkeit verliebt haben mochte, so elend erging es ihm in diesem ersten Winter im Süden, der ihn ohne Ofen und unter dauernden Kopfschmerzen hart ankam. Dennoch wurde im Januar 1881 das Manuskript der *Morgenröte* vollendet. Den Frühling verbrachte er in dem kleinen Gebirgsbad Recoaro bei Vicenza in der Begleitung von Gast. Aber erst im Sommer, als er wiederum ins Engadin ging, besserte sich sein Zustand merklich. Durch einen Zufall entdeckte er den Flecken Sils-Maria im Inntal, die schönste Stelle in einem der schönsten Hochgebirgstäler der Welt, wo südliches Licht sich am feierlichen Ernst der Berge bricht. Nietzsche schrieb verzaubert an Peter Gast:

Dagegen nehme ich es als Belohnung auf, daß dieses Jahr mir zweierlei zeigte, das zu mir gehört und mir innig nahe ist: das ist Ihre Musik und diese Landschaft. Das ist keine Schweiz, kein Recoaro, etwas ganz anderes, jedenfalls etwas viel Südlicheres — ich müßte schon nach den Hochebenen von Mexiko am stillen Ozeane gehen, um etwas Ähnliches zu finden (z.B. Oaxaca) und da allerdings mit tropischer Vegetation. Nun, dies Sils-Maria will ich mir zu erhalten suchen.

Ein neues Hochgefühl hat ihn ergriffen. Nach Hause gibt er beruhigende Nachrichten hinsichtlich seines Zustandes: *Nie gab es einen Menschen, auf den das Wort «niedergedrückt» weniger gepaßt hätte ... Mein Aussehen ist übrigens vortrefflich, meine Muskulatur infolge meines beständigen Marschierens fast die eines Soldaten, Magen und Unterleib in Ordnung. Mein Nervensystem ist, in Anbetracht der ungeheuren Tätigkeit, die es zu leisten hat, prachtvoll ...*

Das ist vielleicht übertrieben, denn wenige Tage später klagt er Overbeck gegenüber in einem Brief, daß sein Befinden nicht seinen Hoffnungen entspreche: *Ausnahmewetter auch hier! Ewiges Wechseln der atmosphärischen Bedingungen! — das treibt mich noch aus Europa! Ich muß r e i n e n Himmel m o n a t e l a n g haben, sonst komme ich nicht von der Stelle. Schon sechs schwere, zwei- bis dreitägige Anfälle!!*

Nietzsche war stets ein fleißiger Briefschreiber. In jenen Jahren bediente er sich für seine Korrespondenz sogar schon einer Schreibmaschine. Denn seine Handschrift war schlecht — eine Folge des Augen-

MEINE LIEBEN KOENNTE ICH NUR AUCH SO VIEL
HEITERES MELDEN WIE VON EUCH KOMMT.ABER ICH
BIN IMMER WIE HALBTODT UND DER LETZTE ANFALL
GEHOERTE ZU MEINEN SCHLIMMSTEN.IN ALLEN ZWI
SCHENPAUSEN WIE ZWISCHEN ALLEM ELENDE SELBER
LACHEN WIR VIEL UND REDEN GUTE UND BOESE DI
NGE.VIELLEICHT BEGLEITE ICH DEN FREUND AUF
EINEM AUSFLUGE AN DIE RIVIERA.MOEGE SIE IHM
SO GEFALLEN ALS IHM GENUA GEFAELLT:ICH BIN
HIER DOCH SEHR ZU HAUSE.EINE MARQUESA
DORIA HAT MICH ANFRAGEN LASSEN OB ICH IHR
DEUTSCHEN UNTERRICHT GEBEN WOLLE.ICH HABE
NEIN GESAGT.DIE SCHREIBMASCHINE -IST ZUNAECHST
ANGREIFENDER ALS IRGEND WELCHES SCHREIBEN.
WAEHREND DES GROSSEN CARNEVALZUGES WAREN
WIR AUF DEM FRIEDHOFE DEM SCHOENSTEN DER
SCHOENSTEN DER ERDE.MITTE MAERZ GEHT   REE
ZU FRL.VON MEYSENBUG NACH ROM.WIR BEIDE ZIE-
HEN GENUA DER SORRENTINISCHEN LANDSCHAFT
VOR.DREIMAL HABEN WIR IM MEERE GEBADET.
MIT DEM HERZLICHSTEN DANKE UND GRUSSE
                    EUER F.

Schreibmaschinenbrief an Mutter und Schwester, März 1882

leidens, das ihn zwang, den Kopf beim Schreiben ganz nah über das
Papier gebeugt zu halten. Aber auch die Maschine bereitete oft
Schwierigkeiten. So berichtet der Schluß eines Briefes vom 21. März
1882 an Paul Reé vom Kampf mit der Tücke des Objekts: *Leben Sie
wohl! Die Schreib-Maschine will nicht mehr, es ist gerade die Stelle
des geflickten Bandes!*

Aber er ist auf bisher unbekannte Weise glücklich in Sils, entdeckt
Spinoza und hat in diesem ersten Silser Sommer einen ihn selbst
höchst erhebenden Gedanken – die ewige Wiederkehr des Gleichen,
den Schlüssel zum *Zarathustra*. Wir wissen nicht, was Nietzsches
hier zum erstenmal einsetzende Euphorie ausgelöst hat, ob er tatsächlich genas oder der Zustand seiner Krankheit sich nun änderte, ob
ein innerer geistiger Prozeß der Reife ein bestimmtes Stadium erreicht hatte oder der Zauber von Sils dies alles bewirkte. Jedenfalls
drängt es Nietzsche in dieser Zeit nicht zu Freunden, einen Besuch
Paul Reés lehnt er sogar ab. Er bewohnt als Einsiedler ein rückwär-

tiges Zimmer in einem kleinen, ein wenig von der Straße abgelegenen Haus zum Wald hin, schattig und vor dem hellen Licht, das seine Augen so schlecht vertrugen, geschützt.

Hier führt er das Leben eines Denkers: ruhig, am See und im Bergwald wandernd, seinen Gedanken nachhängend, fleißig lesend und schreibend, abgeschlossen und zurückgezogen. Es formt sich das Bild des einsamen Nietzsche, wie es uns so oft überliefert wurde. All diese Umstände dienen aber nicht der Konzeption eines logischen und systematischen Gebäudes, sie schließen sich zusammen zu einer Stimmung; vage Gefühle, Sehnsüchte und die Probleme der Vergangenheit: Elternhaus und Christentum, Freundschaften und Begegnungen, klassische Dichtung und Wagnersche Musik, Unbehagen an der Welt und Leiden am eigenen Körper. Aus dieser Stimmung steigt die Vision der ewigen Wiederkunft als die von etwas Neuem auf: *An meinem Horizonte sind Gedanken aufgestiegen, dergleichen ich noch nicht gesehen habe – ...Ich werde wohl einige Jahre noch leben müssen.*

Die Hochstimmung scheint, wenn auch unter stärksten Schwankungen, anzuhalten, als er im Winter an der *Fröhlichen Wissenschaft*

Nietzsches Schreibmaschine

arbeitet. Zu seinem größten Entzücken hört er im November zum erstenmal Bizets «Carmen», und dem vierten Buch der *Fröhlichen Wissenschaft*, an dessen Ende er die Zarathustra-Gestalt einführt, gibt er zu Neujahr 1882 einen überraschend positiven Auftakt:

Ich will immer mehr lernen, das Notwendige an den Dingen als das Schöne sehen – so werde ich einer von denen sein, welche die Dinge schön machen. Amor fati: das sei von nun an meine Liebe! Ich will keinen Krieg gegen das Häßliche führen. Ich will nicht anklagen, ich will nicht einmal die Ankläger anklagen. Wegsehen sei meine einzige Verneinung! Und, alles in allem und großen: ich will irgendwann einmal nur noch ein Jasagender sein!

Damit war die Wendung zu einer neuen, lebensbejahenden, allerdings alles andere als platt optimistischen philosophischen Anschauung erreicht. Das Jahr, dem er diesen programmatischen Wunsch für sich voranstellte, schenkte ihm eines der eigentümlichsten Abenteuer seines Lebens.

LOU SALOMÉ

Ende März 1882 schiffte sich Nietzsche, einer plötzlichen Laune folgend, in Genua nach Messina ein, wo er seekrank ankam. Er war von der Schönheit des Ortes und dem sizilianischen Klima so begeistert, daß er länger bleiben wollte, doch der Schirokko trieb ihn im April fort. Deshalb folgte er einer Einladung Reés und Malwida von Meysenbugs nach Rom. Die Freunde präsentierten ihm eine neue Schülerin: es war Lou Salomé, eine vielleicht nicht im landläufigen Sinne hübsche, aber doch sehr reizvolle und zudem äußerst intelligente junge Russin. Nietzsche verliebte sich, wie übrigens auch Paul Reé, in das Mädchen, und diesmal war er – im Gegensatz zu der oberflächlichen Geschichte vor einigen Jahren – wirklich engagiert. Auch Lou fühlte sich von Nietzsche angezogen und gefesselt. Sie hat den Eindruck, den Nietzsche auf sie machte, später vortrefflich geschildert:

«Einsamkeit – das war der erste, starke Eindruck, durch den Nietzsches Erscheinung fesselte. Dem flüchtigen Beschauer bot sie nichts Auffallendes; der mittelgroße Mann in seiner überaus einfachen, aber auch überaus sorgfältigen Kleidung, mit den ruhigen Zügen und dem schlicht zurückgestrichenen braunen Haar konnte leicht übersehen werden. Die feinen, höchst ausdrucksvollen Mundlinien wurden durch einen vornübergekämmten großen Schnurrbart fast völlig verdeckt; er hatte ein leises Lachen, eine geräuschlose Art zu sprechen und einen vorsichtigen, nachdenklichen Gang, wobei er sich ein wenig in den Schultern beugte; man konnte sich schwer diese Gestalt inmitten einer Menschenmenge vorstellen, – sie trug das Ge-

Lou Salomé

15.

16.

Aphorismen von Lou Salomé mit Nietzsches Verbesserungen

präge des Abseitsstehens, des Alleinstehens. Unvergleichlich schön und edel geformt, so daß sie den Blick unwillkürlich auf sich zogen, waren an Nietzsche die Hände, von denen er selbst glaubte, daß sie seinen Geist verrieten... Eine ähnliche Bedeutung legte er seinen selten kleinen und feinmodellierten Ohren bei, von denen er sagte, sie seien die wahren ‹Ohren für Unerhörtes›.

Wahrhaft verräterisch sprachen auch die Augen. Halbblind, besaßen sie dennoch nichts vom Spähenden, Blinzelnden, ungewollt Zudringlichen vieler Kurzsichtigen; vielmehr sahen sie aus wie Hüter und Bewahrer eigener Schätze, stummer Geheimnisse, die kein unberufener Blick streifen sollte... Wenn er sich einmal gab, wie er war, im Bann eines ihn erregenden Gesprächs zu zweien, dann konnte in seine Augen ein ergreifendes Leuchten kommen und schwinden; – wenn er aber in finsterer Stimmung war, dann sprach die Einsamkeit düster, beinahe drohend aus ihnen, wie aus unheimlichen Tiefen.

Einen ähnlichen Eindruck des Verborgenen und Verschwiegenen machte auch Nietzsches Benehmen. Im gewöhnlichen Leben war er von großer Höflichkeit und einer fast weiblichen Milde, von einem stetigen, wohlwollenden Gleichmut – er hatte Freude an den vornehmen Formen im Umgang und hielt viel auf sie. Immer aber lag darin eine Freude an der Verkleidung, – Mantel und Maske für ein fast nie entblößtes Innenleben. Ich erinnere mich, daß, als ich Nietzsche zum ersten Mal sprach – es war an einem Frühlingstag in der Peterskirche zu Rom –, während der ersten Minuten das gesucht Formvolle an ihm mich frappierte und täuschte. Aber nicht lange täuschte es an diesem Einsamen, der seine Maske doch nur so ungewandt trug, wie jemand, der aus Wüste und Gebirge kommt, den Rock der Allerweltleute trägt.»

Nietzsche war von der neuen Freundschaft hingerissen, die überdies zu einem für ihn glücklichen Zeitpunkt begann, denn die Ausarbeitung der *Fröhlichen Wissenschaft* war abgeschlossen. – Gedanken des *Zarathustra* mochten ihn zwar schon beschäftigt haben, doch war es damals seine Absicht, längere Zeit nichts mehr zu schreiben, ja vielleicht sogar wieder mit regelrechten Studien zu beginnen. Die Tage in Rom vergingen schnell, und im Mai reiste er bereits mit Lou, deren Mutter und Reé nach Luzern, das für ihn so voller Erinnerungen war. Nietzsche besuchte mit Lou sogar Tribschen, schwärmte der Freundin von den Tagen seines wolkenlosen Glücks im Hause Wagner, berichtete auch von seiner Jugend und offenbarte der verständnisvollen Schülerin seine geheimsten, noch im Werden begriffenen philosophischen Gedanken. Hier schien ihm ein Mensch begegnet zu sein, der die Hoffnung erweckte, daß sich sein auseinandergefallenes Leben wieder zusammenfügte. Kein Zweifel, Nietzsche, der einsame Wanderer, hatte sich verliebt und trug sich mit allen Plänen, denen ein Liebender fähig ist. Doch seine alte Gehemmtheit hinderte ihn, sich direkt und offen Lou gegenüber zu erklären. Er bat Reé, für ihn zu werben. Lou jedoch lehnte ab – ihre Zuneigung zu Nietzsche und ihr Interesse an seinen Gedanken war nicht derart, daß sie ihn sich zum Lebensgefährten wünschte.

Damit trat schon sehr bald eine komplizierte, ja verhängnisvolle Situation ein, an deren Zustandekommen Nietzsche durch seine unglückliche Scheu, sich Lou gegenüber direkt und aufrichtig auszusprechen, keineswegs unschuldig war. Die Sache wurde nicht leichter dadurch, daß auch Paul Reé in das Mädchen verliebt war. Und wenn auch Reés eigener Antrag ebenfalls keinen Erfolg hatte, so war doch aus dem Freund ein rivalisierender Liebhaber geworden, der außerdem Nietzsches intimste Wünsche in dieser Angelegenheit kannte. Was mochte es da nutzen, daß Lou in Herzlichkeit versicherte, an ihrer Freundschaft würde sich nichts ändern! Konventionelle Beteuerungen dieser Art verbergen nur schlecht, wie schwierig es ist, eine − in diesem Falle auch noch unerwiderte − Liebe wieder in eine freundschaftliche Beziehung zwischen Lehrer und Schülerin zurückzuverwandeln. Die Lage wurde nicht besser, als im Juli Nietzsches Freunde, seine Schwester und auch Lou Salomé sich in Bayreuth versammelten, um der Uraufführung des «Parsifal» beizuwohnen. Nietzsche hielt sich indessen in Tautenburg auf, nahe Jena, und hatte Lou und Elisabeth überredet, ihn nach den Festspieltagen dort zu besuchen. Es war für ihn selbstverständlich, nicht nach Bayreuth zu fahren, und doch wurde ihm dieser freiwillige Ausschluß aus dem Kreise der Wagnerianer schmerzlich bewußt. An Lou schrieb er, daß er zufrieden sei, nicht in Bayreuth sein zu müssen; *und doch, wenn ich ganz geisterhaft in Ihrer Nähe sein könnte, dies und jenes in Ihr Ohr raunend, so sollte mir sogar die Musik zum Parsifal erträglich sein.* Bei einem kurzen Besuch in Naumburg ließ er es sich nicht nehmen, die Schwester noch etwas auf den «Parsifal» vorzubereiten: *Ich gestehe: mit einem wahren Schrecken bin ich mir wieder bewußt geworden, wie nahe ich eigentlich Wagner verwandt bin,* berichtete er Gast. Die selbst zugefügten Bayreuther Wunden waren noch keinesfalls verheilt und sollten immer wieder Schmerzen bereiten.

Tatsächlich kamen Lou und Elisabeth gemeinsam nach Tautenburg. Nietzsche setzte seine philosophischen Gespräche mit Lou fort und fühlte sich von der Freundin und Schülerin verstanden und bestätigt, nicht zuletzt durch ein Gedicht, welches Lou geschrieben hatte und dem er eine vielleicht übertriebene Bedeutung beimaß, weil selbst Gast zunächst glaubte, es handle sich um eines von Nietzsches eigenen Gedichten.

Nietzsches Gefühle für Lou mögen unvermindert stark gewesen sein, ebensosehr war für Lou die Begegnung mit dem einsamen Wanderer wohl nie mehr als ein tiefes geistiges Erlebnis, wie es ein junges Mädchen zu beeindrucken vermag, eine Freundschaft, die Bewunderung und Verehrung hervorruft. Elisabeths Eifersucht auf diese Freundschaft des Bruders, die einer jüngeren und intelligenteren Frau, als sie es war, galt, war längst erwacht und steigerte sich zu boshafter Wut. Ihren Intrigen, dem von ihr verbreiteten Klatsch, insbesondere ihrer üblen Nachrede in bezug auf Lou sollte sich sehr

1887

rasch keiner der Beteiligten mehr gewachsen zeigen. Nachdem Lou Ende August Tautenburg verlassen hatte, kam es zum offenen Streit zwischen den Geschwistern und bald darauf zum Bruch Nietzsches nicht nur mit der Schwester, sondern auch mit der Mutter. Nietzsche suchte das Gerede der Schwester zu ignorieren, was ihm jedoch nicht völlig gelang. Ende September, als Nietzsche in Leipzig mit Paul Reé und Lou ein letztes Mal zusammen war, kam es auch zur Verstimmung mit Lou, weil er anfing, bei ihr Ungünstiges über Reé zu erzählen. Nun hatte die besitzwütige Schwester ein leichtes Spiel. Ihrer fortdauernden Einmischung verdankte es Nietzsche, daß schon im Herbst seine Freundschaft zu Lou und ebenso die zu Paul Reé zerstört war. Ein häßlicher und würdeloser Briefwechsel, der sich bis ins nächste Jahr hinzog und dessen Peinlichkeit und Ungerechtigkeit Nietzsche sehr wohl empfand, so daß er später einmal den Wunsch äußerte, an Lou und Reé einiges wiedergutzumachen, beendete die Episode. Nietzsche war einsamer und unglücklicher als je zuvor. Wenn er sich auch den Anbiederungsversuchen der Schwester auf die Dauer nicht erwehren konnte und es nach einiger Zeit zu einer äußerlichen Aussöhnung kam, so dürfte Elisabeth kaum jemals wieder Nietzsches volles Vertrauen besessen haben. Die Schwester hat lange Zeit der Welt eine ganz andere Geschichte aufgetischt. (Erst nach Elisabeths Tode, 1935, ist das ganze Ausmaß ihrer Intrigen und Fälschungen allmählich bekanntgeworden.)

Nietzsche flüchtete im November 1882 nach Genua und kurz darauf nach Rapallo, wo er den Winter verbrachte. Wieder ging es ihm gesundheitlich so schlecht, daß er Gast gegenüber sogar vom *schlechtesten Winter meines Lebens* spricht, Schlaflosigkeit und Melancholie plagen ihn. Im Januar und Februar 1883 aber stellte sich plötzlich verstärkt jene schon aus dem ersten Silser Sommer bekannte Euphorie ein. Eine Sturmflut großer Ideen riß ihn aus seiner Lethargie, und Nietzsche schrieb in zehn Tagen den ersten Teil des *Zarathustra*. Es sei vorausgeschickt, daß auch die beiden folgenden Teile dieses Werkes in ähnlich kurzen Perioden eines aufs Höchste gesteigerten Lebensgefühls entstanden: der zweite Teil im Juni und Juli 1883 in Sils-Maria und der dritte im Januar und Februar 1884. Lediglich den letzten Teil schrieb Nietzsche mit Unterbrechungen im Winterhalbjahr 1884/85 in Zürich, Mentone und Nizza.

EIN BUCH FÜR ALLE UND FÜR KEINEN

Nietzsche hat im *Ecce Homo*, seinem letzten großen autobiographischen Rechenschaftsbericht kurz vor dem Zusammenbruch, 1888 einiges über die Entstehungsgeschichte des Werkes mitgeteilt:

Die Grundkonzeption des Werkes, der Ewige-Wiederkunfts-Gedanke, die höchste Formel der Bejahung, die überhaupt erreicht werden kann –, gehört in den August des Jahres 1881: er ist auf ein Blatt hingeworfen, mit der Unterschrift: «6000 Fuß jenseits von

Mensch und Zeit». Ich ging an jenem Tage am See von Silvaplana durch die Wälder; bei einem mächtigen pyramidal aufgetürmten Block unweit Surlei machte ich halt. Da kam mir dieser Gedanke. – Rechne ich von diesem Tage ein paar Monate zurück, so finde ich, als Vorzeichen, eine plötzliche und im Tiefsten entscheidende Veränderung meines Geschmacks, vor allem in der Musik. Man darf vielleicht den ganzen Zarathustra unter die Musik rechnen; – sicherlich war eine Wiedergeburt in der Kunst zu hören, eine Vorausbedingung dazu. In einem kleinen Gebirgsbade unweit Vicenza, Recoaro, wo ich den Frühling des Jahrs 1881 verbrachte, entdeckte ich, zusammen mit meinem maestro und Freunde Peter Gast, einem gleichfalls «Wiedergeborenen», daß der Phönix Musik mit leichterem und leuchtenderem Gefieder, als er je gezeigt, an uns vorüberflog. Rechne ich dagegen von jenem Tage an vorwärts, bis zur plötzlichen und unter den unwahrscheinlichsten Verhältnissen eintretenden Niederkunft im Februar 1883 – die Schlußpartie, dieselbe, aus der ich im Vorwort ein paar Sätze zitiert habe, wurde genau in der heiligen Stunde fertig gemacht, in der Richard Wagner in Venedig starb – so ergeben sich achtzehn Monate für die Schwangerschaft.

Der *Zarathustra,* von vielen als Höhepunkt in Nietzsches Schaffen angesehen, ist ein in seiner Form neues und einmaliges Werk. Inhaltlich nimmt es freilich nahezu alle bisherigen Gedanken wieder auf, um sie an zwei neuen Leitbildern zu orientieren: der Idee des Übermenschen und dem Gedanken der ewigen Wiederkunft. Daher ist es falsch, vom Inhalt her dem *Zarathustra* eine einsame Höhe zuzuweisen. Nietzsche selbst hat klar betont, daß die vorausgegangenen Aphorismenbücher bereits viele Zarathustra-Gedanken enthalten:

Beim Durchlesen von «Morgenröte» und «Fröhlicher Wissenschaft» fand ich übrigens, daß darin fast keine Zeile steht, die nicht als Einleitung, Vorbereitung u. Kommentar zu genanntem Zarathustra dienen kann. Es ist eine Tatsache, daß ich den Kommentar vor dem Text gemacht habe.

Auch der gern erst dem *Zarathustra* zugeschriebene Gedanke, daß Gott nur eine «Mutmaßung» sei und alle Götter tot sind, findet sich in seiner klassischen Formulierung bereits in der *Fröhlichen Wissenschaft*:

Das größte neuere Ereignis – daß «Gott tot ist», daß der Glaube an den christlichen Gott unglaubwürdig geworden ist – beginnt bereits seine ersten Schatten über Europa zu werfen.

Es ist zu beachten, daß Nietzsche sich mit dieser Formulierung lediglich als Diagnostiker versteht, er stellt den Tod fest und behauptet nicht, daß durch ihn Gott gestorben sei. Insofern hat Ernst Bertram unrecht, wenn er in seiner Nietzsche-Deutung schreibt, Nietzsche sei der Mörder Gottes.

Von Nietzsche auch sonst unerreicht aber sind freilich die Form der Darstellung und das sprachliche Niveau. Obwohl in philosophischer Absicht konzipiert, ist das Werk ganz und gar als Dichtung geschrieben. Der Text ist durch Gleichnisse verschlüsselt und wirkt wie ein religiöser Traktat. Nietzsche hat ihn selbst einmal als *fünftes Evangelium* bezeichnet. Die neue Lebensweisheit ist ja auch durchaus als Gegenreligion gedacht, lebt von Anspielungen auf das christliche Dogma und verkündigt sogar dithyrambisch eine neue dionysische Philosophie. Gleichnisse und symbolische Begebenheiten werden durch eine oft ganz zurücktretende Haltung lose verknüpft. Die Hinwendung zu einem neuen dionysischen Lebensgefühl, zum großen Ja-Sager Zarathustra, bedeutete gleichzeitig eine beachtliche Steigerung des ästhetischen Gestaltungswillens. Auch die Landschaft wird in den Kontext einbezogen: Hochgebirgseinsamkeit und das *Vorgebirge* an der See spielen mit, im *Zarathustra* hat Nietzsche seinen beiden liebsten Landschaften, dem Oberengadin und dem Vorgebirge von Portofino, das die Bucht von Rapallo begrenzt, gehuldigt.

Das Buch beginnt eigenartigerweise nicht mit dem Gedanken der ewigen Wiederkehr, obwohl dieser Nietzsche doch schon stark beschäftigt hatte. Statt dessen wird im ersten Teil ein anderes, neues Motiv behandelt: «*Ich lehre euch den Übermenschen. Der Mensch ist etwas, das überwunden werden soll. Was habt ihr ge-*

Brief aus Rapallo an Peter Gast, 1. Februar 1883

Aber vielleicht haben die Verleger daran zu hören, was es zu schöneren und billiger zu machen giebt. Es handelt sich um ein ganz kleines Buch — hundert Druckseiten etwa. Aber es ist mein Liebstes, und ich habe meine Blumen dann und wann von den Wegen gemacht. Es giebt nichts lustigeres von mir und auch nichts Heitereres — ich wünsche von Herzen, daß diese Farbe — welche nicht einmal eine Mittelfarbe zu sein braucht — immer mehr zu meiner "echten" Farbe werde. Das Buch soll heißen

> # Also sprach Zarathustra.
>
> ## Ein Buch für Alle und Keinen.
>
> von
>
> F. N.

Mit diesem Buche bin ich in eine neue "Ring" eingetreten — von jetzt ab werde ich wohl in Deutschland unter die Verrückten gerechnet werden. Es ist eine wunderliche Art von "Moral-Predigten".

tan, ihn zu überwinden?» «Der Übermensch ist der Sinn der Erde. Euer Wille sage: der Übermensch sei der Sinn der Erde!

Ich beschwöre euch, meine Brüder, bleibt der Erde treu und glaubt denen nicht, welche euch von überirdischen Hoffnungen reden! Giftmischer sind es, ob sie es wissen oder nicht.

Verächter des Lebens sind es, Absterbende und selber Vergiftete, deren die Erde müde ist: so mögen sie dahinfahren!

Einst war der Frevel an Gott der größte Frevel, aber Gott starb, und damit starben auch diese Frevelhaften. An der Erde zu freveln ist jetzt das Furchtbarste und die Eingeweide des Unerforschlichen höher zu achten, als den Sinn der Erde!

Einst blickte die Seele verächtlich auf den Leib: und damals war diese Verachtung das Höchste – sie wollte ihn mager, gräßlich, verhungert. So dachte sie ihm und der Erde zu entschlüpfen.

Was ist das Größte, das ihr erleben könnt? Das ist die Stunde der großen Verachtung.»

Das ist die Stunde, da die Menschen anfangen sollen, sich über sich selbst zu erheben, da Glück, Vernunft, Tugend, Gerechtigkeit und Mitleiden einem selbst nichts mehr gelten. Die Grundzüge des neuen Evangeliums verheißen ein Reich von dieser Welt ohne Transzendenz, da Gott tot ist, kann der Mensch nur eine Erhöhung seiner selbst anstreben. Eine dionysische Religion ohne Dionysos.

Dergleichen kann aber nur durch eine ganz vitale Bejahung des eigenen Lebens möglich werden. So werden gegen die christliche Tugendlehre die Freuden des Fleisches, ja die Bedeutung der ganzen physischen Existenz gepriesen. Was pessimistisch verneint werden muß, ist lediglich die gegenwärtige Form der Spezies Mensch. Daß die dionysische Menschengestalt noch nirgends verwirklicht ist, begründet Zarathustras Zweckpessimismus, die Kritik des Bestehenden um der Verheißung der Zukunft willen. – Wir können hier nicht auf die Schwierigkeiten und Unzulänglichkeiten dieser individualistischen Ersatzreligion eingehen, und müssen uns darauf beschränken, den weiteren Gang des Werkes kurz zu skizzieren.

Die wahren Tugenden des Übermenschen sind die des Kriegers und Soldaten. Das Ideal ist nicht der grübelnde, um Erkenntnis ringende, einsame, kontaktschwache und empfindliche Gelehrte, sondern die starke Natur, die zugleich vital und beherrscht ist. Nietzsche, der sonst so Freiheitsdurstige, hat die ihn plötzlich berauschende Vision disziplinierender Macht. Er, der nicht einmal der Auseinandersetzung mit der Schwester gewachsen war, als Soldat physisch versagt und stets glücklos geliebt hatte, läßt Zarathustra predigen: *Der Mann soll zum Kriege erzogen werden und das Weib zur Erholung des Kriegers: Alles andere ist Torheit.* Und auch die Empfehlung *Du gehst zu Frauen? Vergiß die Peitsche nicht!* wird recht durchsichtig auf dem Hintergrunde eines Lebens, welches durch die Versagung Lous, die Intrigen Elisabeths und die Dummheit der Mutter an den Rand der Verzweiflung, möglicherweise des Selbstmordes getrie-

Portofino

111

ben worden war. Die autobiographischen Züge auch des *Zarathustra* sind nicht geringer als die der anderen Werke.

Nietzsche schafft ein Lebenswerk, um sich seiner selbst zu vergewissern. Er trägt das Problem des Künstlers, als das einer individualistischen, subjektiven Existenz, wie sie die Ästhetik von der Romantik bis fast in die Mitte des 20. Jahrhunderts bestimmt hat, beispielhaft an sich aus. Dabei gelingen ihm Stücke, die zum größten dessen gehören, was in deutscher Sprache je geschrieben wurde. So etwa das in Rom entstandene *Nachtlied* im zweiten Teil des Zarathustra:

Nacht ist es; nun reden lauter alle springenden Brunnen. Nacht ist es; nun erst erwachen alle Lieder der Liebenden ... Eine Begierde nach Liebe ist in mir, die redet selber die Sprache der Liebe ... Ich kenne das Glück der Nehmenden nicht ... Ein Hunger wächst aus meiner Schönheit ...

Solcher Hochsprache entspricht auch der aristokratische Charakter, den Nietzsche seiner Vision des Übermenschen verleiht. Der früh in der Beschäftigung mit den Griechen formulierte Elitegedanke fügt sich wie selbstverständlich in diese Konzeption. Dieser Gedanke aber ist eigentlich apollinisches Erbteil: der Elitemensch muß nicht nur mächtig und vital, sondern auch großmütig sein. Dennoch: Macht ist das eigentliche Ziel des Lebens: *Wo ich Lebendiges fand, da fand ich den Willen zur Macht; und noch im Willen des Dienenden fand ich den Willen Herr zu sein.*

Erst im dritten Teil des Werkes verkündet und entfaltet Zarathustra seine Theologie, das Dogma von der ewigen Wiederkunft des Gleichen. Diese Lehre, die ihn im August 1881 in Sils so zwingend überfiel, ließ sich anscheinend viel schwieriger entwickeln, als Nietzsche ursprünglich dachte. Vielleicht waren es sogar wissenschaftliche Bedenken, die damit zusammenhingen, als er nach Abschluß der *Fröhlichen Wissenschaft* den Wunsch äußerte, erneut studieren zu wollen. Der Gedanke der Wiederkunft wird zunächst in grausigen Bildern entwickelt. In dem Abschnitt *Vom Gesicht und Rätsel* spricht Zarathustra, der für seine schwersten Gedanken Mut gefaßt hat, zu einem Zwerg, der ein Wagnersches Requisit aus dem «Ring» sein könnte: *Zwerg! Du! Oder ich!* und weiter heißt es: *Mut ist nämlich der beste Totschläger ... Mut, der angreift: der schlägt noch den Tod tot, dem er spricht: «War das das Leben? Wohlan! Noch Einmal!»* Das Bild der schwarzen Schlange aber, die einem schlafenden Hirten in den Mund gefahren war und von der es nur eine Rettung gibt, wenn man Zarathustras ebenso verzweifelten wie unappetitlichen Rat befolgt, ihr den Kopf abzubeißen, deutet darauf hin, wie schwer es für Nietzsche war, den Gedanken der ewigen Wiederkunft zu ertragen. Denn: – *Ach, der Mensch kehrt ewig wieder! Der kleine Mensch kehrt ewig wieder!*

Ist die ganze Konzeption in sich nicht höchst widersprüchlich? Einerseits soll der Mensch überwunden werden und zum Übermenschen sich steigern, andererseits herrscht die Gewißheit vor, daß alles Geschen determiniert ist und wie die Zeit im Kreise verläuft, daß alles aus schicksalhaftem Zwange sich stets wiederholen müsse. Sind also die beiden Grundgedanken des Buches nicht in Wahrheit unvereinbar?

Nietzsche hilft sich mit einem dialektisch anmutenden, mittelbar an Hegel erinnernden Gedanken: Im Widerstreit vereinigen sich beide Thesen, das Prinzip der Wiederkehr und die Forderung nach dem höheren Menschen. In der Wiederkehr liegt die Möglichkeit der Steigerung und Vollendung des Lebens, in der Wiederkehr bereichert sich die Welt gewissermaßen an sich selbst. Dementsprechend wird das Vergehende für die Zukunft aufgehoben, und zwar im Hegelschen Doppelsinne des Vorgangs. Zarathustras Bereitschaft zum tragischer Selbstopfer, gerät daher zum Triumph: *Die Untergehenden liebe ich mit meiner ganzen Liebe: denn sie gehn hinüber.* — Und deshalb kann er zugeben: *Denn ich liebe dich, oh Ewigkeit!*

Das Buch mit seinem erstaunlichen Reichtum endet eigentlich mit dem dritten Teil. Auch Nietzsche war zunächst dieser Auffassung.

Das trunkene Lied aus dem letzten Teil des «Zarathustra»

Bald aber begann er weitere Teile ins Auge zu fassen, von denen aber nur und mit Unterbrechungen die Ausarbeitung eines vierten durchgeführt wurde, der 1885 als Privatdruck in wenigen Exemplaren erschien und der Öffentlichkeit erst Jahre später (nach Nietzsches geistigem Tod) zugänglich wurde. Schwierigkeiten mit seinem Verleger mögen daran nicht wenig die Schuld getragen haben. So gesehen ist der *Zarathustra* ein unvollendetes Werk. *Der große Mittag,* die Schlußvision des vierten Teils, die ein neues Motiv ankündigt, wird nicht mehr ausgeführt.

Nietzsches Selbstbewußtsein hatte schon mit Ende des dritten Teils eine große Steigerung erfahren. Im Februar 1884 schrieb er an Rohde: *... – ich bilde mir ein, mit diesem Z. die deutsche Sprache zu ihrer Vollendung gebracht zu haben. Es war, nach Luther und Goethe noch ein dritter Schritt zu tun –; sieh zu, Alter Herzens-Kamerad, ob Kraft, Geschmeidigkeit und Wohllaut je schon in unserer Sprache so beieinander gewesen sind.*

Wenig maßvolles Selbstlob und große Vergleiche: die Stelle ist wie ein Wetterleuchten, das die Heraufkunft von Nietzsches Spätzeit anzeigt. Mit *Zarathustra* beginnt Nietzsches Selbstapotheose – *mit eignen Flügeln in eigne Himmel –,* verzweifelter Ausweg eines an der Welt gescheiterten Lebens.

WIDERWÄRTIGE ERFAHRUNGEN

Dieses Leben war während der Vollendung des *Zarathustra* nicht leichter und erfreulicher geworden. Die Gesundheit hatte sich allmählich wieder verschlechtert und die Umwelt bot mancherlei neuen Verdruß. Der Druck des *Zarathustra* verzögerte sich. Sein Verleger Schmeitzer setzte keinerlei Zutrauen in einen auch nur bescheidenen Erfolg des Buches, und so erschien es dann schließlich wie ein totgeborenes Kind, vom vierten Teile ließ Nietzsche 1885, um weiteren Schwierigkeiten mit Schmeitzer aus dem Wege zu gehen, 40 Exemplare privat drucken. Heinrich Freiherr von Stein, ein möglicher neuer Jünger von Nietzsches Philosophie, der im August 1884 auch in Sils war, entfremdete sich Nietzsche, der es ihm nicht verzieh, daß Stein weiterhin Wagnerianer blieb.

Die Reibereien mit Schwester und Mutter nahmen kein Ende. Auf Versöhnungen folgten wieder neue Spannungen. 1883 hieß es an Overbeck: *Ich mag meine Mutter nicht, und die Stimme meiner Schwester zu hören, macht mir Mißvergnügen; ich bin immer krank gewesen, wenn ich mit ihnen zusammen war.* Im Jahre darauf schrieb er an denselben Freund: *Die Angelegenheit mit meinen Verwandten muß ich mir vom Halse schaffen – ich habe nunmehr 2 Jahre lang mich in den gutmütigsten Versuchen erschöpft, zurechtzulegen und zu beruhigen, aber umsonst.*

Mutter und Schwester bedrängten ihn im Sommer 1883, wieder an eine Universität zurückzukehren. Nietzsche ließ sich, wie so oft, beeinflussen und hörte sich in Leipzig nach etwaigen Chancen um. Über die bittere Auskunft berichtete er an Gast: *Heinze, der jetzige Rektor der Universität, hat mir klaren Wein darüber eingeschenkt, daß mein Gesuch in Leipzig scheitern werde (und wohl auch an allen deutschen Universitäten); die Fakultät werde es nicht wagen, mich dem Ministerium vorzuschlagen – von wegen meiner Stellung zum Christentum und den Gottesvorstellungen. Bravo! Dieser Gesichtspunkt gab mir meinen Mut wieder.* Nun, eine Enttäuschung, eine neue Bestätigung seiner Einsamkeit war der Leipziger Bescheid aber zweifellos doch auch.

Am widerwärtigsten aber ist unter all diesen Verdrießlichkeiten der Ärger über Elisabeth Nietzsches Verlobung mit dem

Paul Deussen

Berliner Oberlehrer und Wagnerianer Dr. Bernhard Förster, der ein übler politischer Antisemit war und sein Gymnasialamt wegen seiner Agitation niedergelegt hatte. Elisabeth begann, den Bruder mit antisemitischen Briefen zu malträtieren. Nietzsche war desto empörter, als Förster offensichtlich bei den Intrigen der Schwester gegen Lou Salomé nicht unbeteiligt war. Daß sich sein Groll bald gelegt habe, besonders, als es klar war, daß ein dreiviertel Jahr nach der Heirat, die im Mai 1885 erfolgte, Bernhard und Elisabeth Förster nach Paraguay auswandern sollten, da Förster dort eine Aufgabe als deutscher «Kolonisator» gefunden zu haben glaubte, konnte die Schwester lange der Welt weismachen. Indessen ist erwiesen, daß fast alle brieflichen Äußerungen Nietzsches in dieser Sache später von der Schwester mehr oder weniger gefälscht wurden, weshalb wir sie hier auch nicht zitieren. Nietzsches eigene Einstellung zur Judenfrage war differenziert, kritisch und souverän. Die Äußerungen großer Hochachtung vor den Juden überwiegen in seinen Schriften. Und wie sehr man auch manche seiner sonstigen Gedanken wegen der Wirkung, die sie gehabt haben, für immer bei der geistigen Vorgeschichte des Faschismus mit wird anführen müssen, so war er doch alles andere als ein Antisemit. Daß ausgerechnet seine Schwester sich einem solchen Menschen anschloß, verletzte ihn tief. In diesem Zusammenhang dürften auch die im Zusammenbruch geschriebenen, im letzten Brief an Burckhardt stehenden Worte ... *alle Antisemiten abgeschafft* von Bedeutung sein.

Die letzten Jahre vor dem Zusammenbruch weisen im übrigen wenig äußere Ereignisse auf. Nietzsche scheint seinen Rhythmus gefunden zu haben: den Sommer verbringt er in Sils, den Winter in Italien, vor allem nun in Nizza, 1888 aber auch in Turin. Von Gast, dessen musikalisches Schaffen er zu fördern suchte, ohne dabei wirklich Erfolg zu haben, entfremdete er sich ein wenig. Gravierender war ein fast grundloses Zerwürfnis mit Rohde – Anzeichen wachsender gesundheitlicher Zerrüttung, seelischer Einsamkeit und entsprechender Reizbarkeit.

Im September 1887 stattete Deussen, der gerade eine philosophische Professur erhalten hatte, mit seiner Frau Nietzsche einen Besuch in Sils ab. Nietzsche nannte den Besuch Gast gegenüber *komisch und rührend*, war aber doch wohl voller Hochachtung und Freundschaft für Deussen, den er so lange nicht gesehen hatte. Deussen hat damals nicht nur eine Federzeichnung von ihm angefertigt, sondern auch später in seinen Erinnerungen seinen Eindruck von Nietzsche und seinem Leben in Sils ausführlich wiedergegeben:

«An einem wunderschönen Herbstmorgen», berichtet Deussen, «stieg ich mit meiner Frau, von Chiavenna kommend, über den Malojapaß, und bald lag Sils-Maria vor uns, wo ich mit klopfendem Herzen dem Freund entgegentrat und ihn nach vierzehnjähriger Trennung tief bewegt umarmte. Aber welche Veränderungen waren in dieser Zeit mit ihm vorgegangen! Das war nicht mehr die stolze Haltung, der elastische Gang, die fließende Rede von ehedem. Nur mühsam, und etwas nach der Seite hängend, schien er sich zu schleppen, und seine Rede wurde öfters schwerfällig und stockend. Vielleicht hatte er auch nicht seinen guten Tag. ‹Lieber Freund›, sagte er wehmütig, indem er auf einige vorüberziehende Wolken deutete, ‹ich muß blauen Himmel über mir haben, wenn ich meine Gedanken sammeln soll.› Er führte uns dann zu seinen Lieblingsplätzen. Besonders in Erinnerung ist mir noch ein Rasenlager dicht am Abgrund, hoch über einem in der Tiefe hinbrausenden Gebirgsbach. ‹Hier›, sagte er, ‹liege ich am liebsten und habe meine besten Gedanken.› Wir waren in dem bescheidenen Hotel zur Alpenrose abgestiegen, in dem Nietzsche sein Mittagsbrot, bestehend gewöhnlich in einer einfachen Kotelette oder dergleichen, einzunehmen pflegte. Dort zogen wir uns, um zu ruhen, für eine Stunde zurück. Kaum war sie verstrichen, so war der Freund schon wieder an unserer Tür, erkundigte sich zärtlich besorgt, ob wir noch müde seien, bat um Entschuldigung, wenn er zu früh gekommen sein sollte usw. Ich erwähne dies, weil eine solche übertriebene Besorgtheit und Rücksichtnahme früher nicht in Nietzsches Charakter gelegen hatte und mir für seinen gegenwärtigen Zustand bezeichnend schien. Am nächsten Morgen führte er mich in seine Wohnung, oder wie er sagte, in seine Höhle. Es war eine einfache Stube in einem Bauernhause, drei Minuten von der Landstraße: Nietzsche hatte sie während der Saison für einen Franken täglich ge-

Elisabeth Förster-Nietzsche, 1916

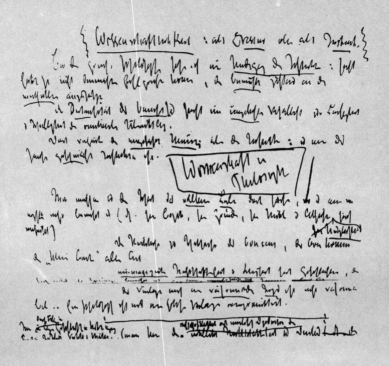

Aufzeichnungen für den «Willen zur Macht»

mietet. Die Einrichtung war die denkbar einfachste. An der einen Seite standen seine mir von früher her meist noch wohlbekannten Bücher, dann folgte ein bäurischer Tisch mit Kaffeetasse, Eierschalen, Manuskripten, Toilettegegenständen in buntem Durcheinander, welches sich weiter über einen Stiefelknecht mit darin steckendem Stiefel bis zu dem noch ungemachten Bette fortsetzte. Alles deutete auf eine nachlässige Bedienung und auf einen geduldigen, sich in alles ergebenden Herrn. Nachmittags brachen wir auf, und Nietzsche gab uns das Geleite bis zum nächsten Dorfe, eine Stunde talabwärts. Hier sprach er nochmals die düstern Ahnungen aus, welche sich leider so bald erfüllen sollten. Als wir Abschied nahmen, standen ihm die Tränen in den Augen, was ich früher nie an ihm gesehen hatte.»

Wer sich dem Spätwerk Nietzsches nähert, sieht sich dem Streit der Nietzsche-Forscher gegenüber. Auch eine Beschreibung von Nietzsches Lebensweg, die, wie der hier vorliegende Versuch, weder philologische noch weitreichende philosophische Absichten hegt, kann nicht umhin, wenigstens kurz darauf hinzuweisen. Der Katalog der auf den *Zarathustra* in den letzten vier Jahren seines Schaffens folgenden Werke ist unbestritten: *Jenseits von Gut und Böse* (1886), *Genealogie der Moral* (1887), *Der Fall Wagner, Dionysos-Dithyramben, Götzendämmerung, Der Antichrist, Ecce Homo* und *Nietzsche contra Wagner* im Jahr vor dem Zusammenbruch. Strittig ist jenes Werk, das nach dem *Zarathustra* das bekannteste werden sollte: *Der Wille zur Macht.* – 1906 schrieb Elisabeth Förster-Nietzsche anläßlich einer Edition des Buches: «Ende Winter 1888 beendete mein Bruder die Gesamtkonzeption seines Hauptwerkes, den *Willen zur Macht*...» Sicher ist, daß die 1067 Aphorismen dieses Werkes aus dem Nachlaß stammen und nach Plänen von Herausgebern, die unter dem Einfluß der Schwester standen, zusammengestellt wurden. Die auf diese Weise überlieferte Anordnung des Werkes findet in entsprechenden Plänen und Zeugnissen Nietzsches jedoch nur sehr kümmerliche Stützen. Nach der Niederschrift des dritten Teils seines *Zarathustra* hatte Nietzsche an Gast geschrieben: *...die nächsten sechs Jahre gehören der Ausarbeitung eines Schemas an, mit welchem ich meine «Philosophie» umrissen habe. Es steht gut und hoffnungsvoll damit.* Tatsache ist aber, daß dieses Hauptwerk von Nietzsche nicht in einem erkennbaren Sinne konzipiert worden ist. Ganz zweifelhaft bleibt schon, ob Nietzsche überhaupt selbst einen Titel wie «Der Wille zur Macht» für eines seiner Bücher gewählt hätte. Daß der Nachlaß leichtfertig ediert wurde, ist seit langem erwiesen und bekannt. Karl Schlechta, der zahlreiche Fälschungen der Schwester Nietzsches nachgewiesen hat, gibt dieser vielleicht zu einseitig die Schuld, während Erich F. Podach wohl nicht zu Unrecht auch jene Elite namhafter deutscher Professoren angreift, die jahrzehntelang den editorischen Schlendrian und die mit ihm verknüpfte Legendenbildung mitgemacht oder doch toleriert haben. Angesichts dieser Verhältnisse hat Karl Schlechta in einem zwar sehr weitgehenden, aber doch auch sehr verständlichen Purismus bei der Herausgabe seiner vortrefflichen neuen Gesamtausgabe den Nachlaß der achtziger Jahre neu geordnet und den Titel «Der Wille zur Macht» wie auch die nicht von Nietzsches Hand stammende Anordnung zugunsten philologisch vertretbarer Prinzipien aufgegeben. Hervorragende Nietzsche-Kenner, wie Karl Löwith, haben dagegen polemisiert. Immerhin ist es kurios, daß ein Buch mit einer enormen geistesgeschichtlichen Wirkung sich nun in einen Haufen ungegliederter Aphorismen auflöst. Dennoch wird man Schlechta beipflichten müssen: er hat Nietzsche nicht verstümmelt, sondern den Nachlaß von den Gewalttätigkeiten früherer Herausgeber befreit. Der Beschäftigung und dem Philosophieren mit

Nietzsche tut die neue, nicht systematische Anordnung keinen Abbruch. Dieser Nachlaß birgt in sich Stücke von großartiger Gewalt. Aber: so umfangreich er auch ist, so wenig finden sich in ihm grundlegende Gedanken, die nicht auch aus den übrigen, gesicherten Werken Nietzsches zu entnehmen und zu entwickeln wären. Nietzsche war seit *Menschliches Allzumenschliches* immer ein aphoristischer Denker. Dem entsprach, wie wir gesehen haben, seine Arbeitsweise. Aus der Fülle seiner Notizen und Aufzeichnungen wählte er aus, das vorliegende Material wurde oft assoziativ geordnet, bisweilen mehrfach verwandt, manches aber auch zweifellos ausgeschieden und ganz verworfen. So läßt sich im Hinblick auf den Nachlaß allenfalls behaupten, daß Nietzsche zwischen 1882 und 1888 mit jenem Themenkreise befaßt war, der in den früheren Nietzsche-Ausgaben fälschlich unter dem Werktitel *Der Wille zur Macht* zusammengefaßt ist. Mag er den *Zarathustra* auch selbst nur als einen *Vorhof* bezeichnet haben, das «Hauptwerk» ist jedenfalls nicht in einer erkennbaren Weise zustande gekommen. Die Betrachtung der in den letzten vier Jahren entstandenen Werke wird aber durch einen weiteren Umstand getrübt: in der Weise, wie Nietzsches Gesamtbefinden sich änderte, steigerten sich seine Selbsteinschätzung und sein Sendungsbewußtsein ins Maßlose. Wenn es wirklich stimmt, daß die ersten drei Teile des *Zarathustra* in jeweils zehn Tagen niedergeschrieben wurden, so war Nietzsche nun darauf bedacht, bei den Spätwerken ähnlich kurze Entstehungszeiten anzugeben, um den Eindruck divinatorischer Inspiration zu erwecken. Bei der Eigenart seiner Arbeitsweise dürfte es freilich nicht schwer gewesen sein, aus dem großen Schatz aphoristischen Materials, das sich unablässig erweiterte, jeweils in ganz wenigen Wochen Manuskripte für den Druck zusammenzustellen und abschließend zu bearbeiten. Es ist schwer zu beurteilen, an welchen Stellen dieser Manuskripte die fortschreitende Krankheit bereits den Inhalt und die Ausdrucksweise beeinflußte. Auf Grund unserer Kenntnis der Krankengeschichte ist es kaum möglich, genau den Zeitpunkt festzulegen, zu dem der Zerstörungsprozeß, dem sein Geist anheimfiel, das Werk selbst in Frage stellte. Nach den jüngsten Untersuchungen Podachs über «Nietzsches Werke des Zusammenbruchs» dürfte aber klar sein, daß die Schriften *Nietzsche contra Wagner, Der Antichrist, Ecce Homo* und die *Dionysos-Dithyramben*, die während Nietzsches zweitem Turiner Aufenthalt zwischen dem 21. September 1888 und den ersten Januartagen 1889 entstanden, bereits stark vom Zusammenbruch gezeichnet sind.

Auf die enthusiastischen Nietzsche-Anhänger haben aber gerade diese Werke neben dem umstrittenen *Willen zur Macht* stets eine ganz besonders magische Anziehungskraft ausgeübt. Nietzsche war dadurch ebensolchen, wenn auch bisweilen fruchtbaren Mißverständnissen ausgesetzt wie Hölderlin, als dessen Verehrer begannen, seine letzten Dichtungen als Offenbarungen besonderer Art zu betrachten. Rein spekulative Interpretationen können philosophisch legitim sein. Bei der Zeichnung eines Lebensbildes aber ist Vorsicht geboten.

1886 und 1887 hat Nietzsche alle seine bis dahin vorliegenden größeren Werke wiederum auflegen lassen und durch neue Vorreden autorisiert. Ausgenommen hat er davon lediglich die *Unzeitgemäßen Betrachtungen,* aber selbst *Die Geburt der Tragödie,* von deren Positionen er sich längst entfernt hatte, erfuhr eine neue Herausgabe. Auch diese Tatsache mag beleuchten, wie sehr Nietzsche sein ganzes Schaffen als Einheit verstand. Die großen Themen halten sich seit seiner Frühzeit durch, und derjenige, der eine Einführung in das Verständnis seiner Schriften sucht, braucht sich zunächst nicht mit den schwierigen Nachlaßproblemen und den letzten Werken auseinandersetzen. Denn was Nietzsche gedacht hat, läßt sich auch aus den gesicherten Werken entwickeln und begreifen. Das gesamte auf den *Zarathustra* folgende Werk akzentuiert jedoch eine Reihe von Gedanken, die schon wegen ihrer historischen Wirkung jedes Nietzsche-Bild ganz entscheidend bestimmen müssen. Die Betrachtung der Spätzeit soll sich deshalb nicht so sehr an den einzelnen Werken als an den wichtigsten Themenkreisen der letzten Jahre orientieren.

DER NIHILISMUS ALS LOGIK DER DÉCADENCE

Nietzsches Immoralismus entwickelte sich früh und durchaus nicht ohne Konsequenz. Auf die Loslösung vom Christentum folgte die dionysische, zunächst noch ästhetisch bestimmte Philosophie. Aber schon in den ersten Basler Jahren wurde der Primat der ästhetischen Existenz unter dem Einfluß Burckhardts zugunsten der historischen Persönlichkeit preisgegeben: der Aspekt der Macht wurde für die Beurteilung der Geschichte wesentlich. Schon damals bezog Nietzsche einen Standpunkt *jenseits von Gut und Böse,* indem er die Rechtfertigungsmöglichkeit moralischer Grundsätze und menschlicher Urteile über Recht und Unrecht leugnete. Die Tendenz, die mit dem Frühwerk *Über Wahrheit und Lüge im außermoralischen Sinne* verfolgt wurde, hält sich durch und verstärkt sich. Die Einsicht, daß die Welt und das Leben an sich ohne jeden erkennbaren Sinn sind, daß alle bisherigen Sinngebungen höchst anfechtbare menschliche Leistungen gewesen sind und daß es um so mehr für den Menschen darauf ankommt, sein Leben in einer an sich sinnlosen Welt zu meistern, bestimmt das Spätwerk. Im Sommer 1887 heißt es: *Die extremste Form des Nihilismus wäre die Einsicht: daß jeder Glaube, jedes Fürwahrhalten notwendig falsch ist: weil es eine wahre Welt gar nicht gibt. Also: ein perspektivischer Schein.* Und an anderer Stelle: *Denken wir diesen Gedanken in seiner furchtbarsten Form: das Dasein, so wie es ist, ohne Sinn und Ziel, aber unvermeidlich wiederkehrend, ohne ein Finale ins Nichts: «die ewige Wiederkehr». Das ist die extreme Form des Nihilismus: das Nichts (das «Sinnlose») ewig!* Der Nihilismus erscheint aber als paradoxes Symptom:
Der Nihilismus als normales Phänomen kann ein Symptom wachsender Stärke sein oder wachsender Schwäche·

teils, daß die Kraft, zu schaffen, zu wollen, so gewachsen ist, daß sie diese Gesamt-Ausdeutungen und Sinn-Einlegungen nicht mehr braucht («nähere Aufgaben», Staat usw.);

teils, daß selbst die schöpferische Kraft, Sinn zu schaffen, nachläßt und die Enttäuschung der herrschende Zustand wird. Die Unfähigkeit zum Glauben an einen «Sinn», der «Unglaube».

Nihilismus ist also Stärke und Schwäche zugleich. Er ist eine Stärke, insofern unsere Erkenntnis in seiner Heraufkunft einen notwendigen Prozeß sieht, durch welchen alle ideologische Falschmünzerei entlarvt, jede überkommene Wertvorstellung außer Kurs gesetzt wird. Er ist aber zugleich ein Symptom der Schwäche: denn seine Heraufkunft bedeutet die Erschöpfung und das Versagen der bisherigen Kultur. Diese Schwäche, von Nietzsche mit dem Begriff der décadence bezeichnet, ist die Ursache des Nihilismus, der Nihilismus ist also eine Folge der Dekadenz, ihre *Logik*, wie Nietzsche einmal sagt. Die décadence aber ist wie ein Schicksal: man kann einen Verfallsprozeß nicht anhalten. Es liegt auf der Hand, wie sehr Nietzsche hier von biologischen Überlegungen beeinflußt ist. Von hier zur These vom Recht des Stärkeren, zu der Forderung, daß man alles, was fällt, auch noch stoßen soll, daß jeder Untergang ein freudiges, bejahenswertes Ereignis ist, eine These, die schon Zarathustra vertritt und die nun immer wiederkehrt, ist es weniger als ein Schritt. Der sich an dem Nihilismus entwickelnde Gedanke vom *Willen zur Macht* ist dann in der Tat eine Umwertung aller Werte:

Denn man vergreife sich nicht über den Sinn des Titels, mit dem dies Zukunfts-Evangelium benannt sein will. «Der Wille zur Macht. Versuch einer Umwertung aller Werte» – mit dieser Formel ist eine Gegenbewegung zum Ausdruck gebracht, in Absicht auf Prinzip und Aufgabe; eine Bewegung, welche in irgendeiner Zukunft jenen vollkommenen Nihilismus ablösen wird; welche ihn aber voraussetzt, logisch und psychologisch; welche schlechterdings nur auf ihn und aus ihm kommen kann. Denn warum ist die Heraufkunft des Nihilismus nunmehr notwendig? Weil unsre bisherigen Werte selbst es sind, die in ihm ihre letzte Folgerung ziehn; weil der Nihilismus die zu Ende gedachte Logik unsrer großen Werte und Ideale ist, – weil wir den Nihilismus erst erleben müssen, um dahinter zu kommen, was eigentlich der Wert dieser «Werte» war ... Wir haben, irgendwann, neue Werte nötig ...

Auch der Nihilismus als unaufschiebbares, notwendiges Ereignis ist so wenig ein Wert an sich wie Gut und Böse: er wird diagnostiziert mit jener hellsichtigen Schärfe, der Nietzsche seinen Ruhm verdankt, was immer man auch vom prognostischen Teil seiner Lehre halten mag. Wenn Sinngebung Wertsetzung ist, so liegt eine nihilistische Ansicht der Welt in deren wertfreier Betrachtung. Dann aber sind Historismus und moderne Naturwissenschaft nihilistische Ausdrucksformen unseres spezifischen Weltverhaltens. Die Diagnose trifft zu. Aber ist die empfohlene Therapie tauglich?

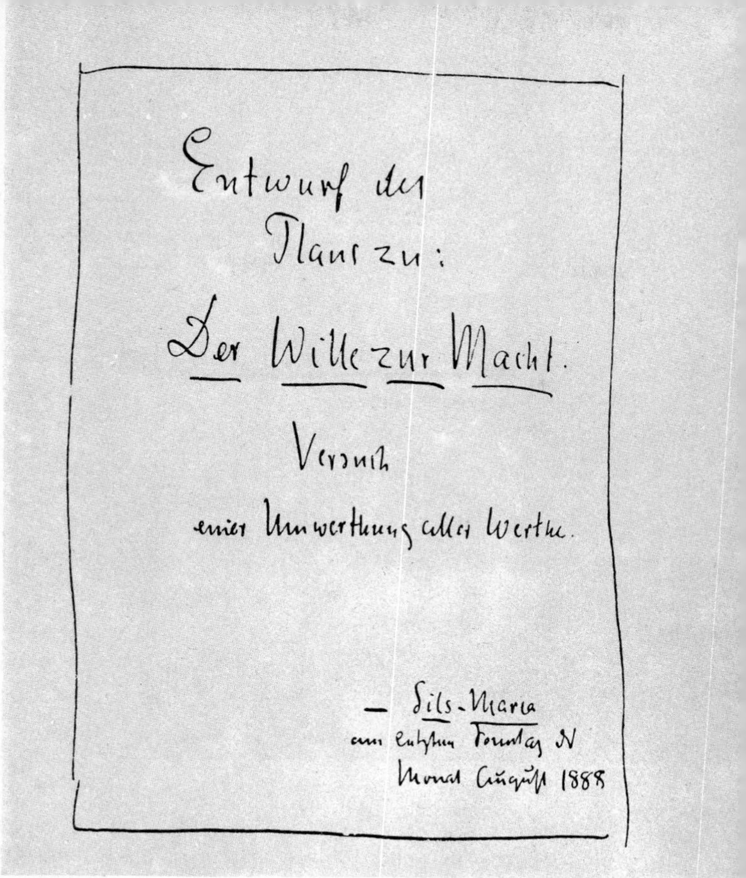

Entwurf des
Plans zu:

__Der Wille zur Macht.__

Versuch

einer Umwerthung aller Werthe.

— Sils-Maria
am letzten Sonntag N
Monat August 1888

DER WILLE ZUR MACHT ALS THERAPEUTISCHES PRINZIP

Mag es auch fraglich sein, daß Nietzsche in einem Hauptwerk seine
Lehre vom Willen zur Macht darlegen wollte, der Gedanke selbst gehört zum zentralen Themenkreis der achtziger Jahre. Den Ausgangspunkt darf man in der wohl früh erkannten Notwendigkeit erblik-
ken, Schopenhauers abstrakten Willen durch ein konkretes Prinzip
zu ersetzen. Das geschieht in *Jenseits von Gut und Böse* – und nicht
nur dort – im Rückgriff auf biologistische Vorstellungen:
*Gesetzt endlich, daß es gelänge, unser gesamtes Triebleben als die
Ausgestaltung und Verzweigung einer Grundform des Willens zu erklären – nämlich des Willens zur Macht, wie es mein Satz ist –;
gesetzt, daß man alle organischen Funktionen auf diesen Willen zur*

Richard Wagner, 1877

Macht zurückführen könnte und in ihm auch die Lösung des Problems der Zeugung und Ernährung – es ist ein Problem – fände, so hätte man damit sich das Recht verschafft, alle wirkende Kraft eindeutig zu bestimmen als: Wille zur Macht. Die Welt von innen gesehen, die Welt auf ihren «intelligiblen Charakter» hin bestimmt und bezeichnet – sie wäre eben «Wille zur Macht» und nichts außerdem.

Belege dieser Art lassen sich in größerer Zahl anführen. Auch die Ernährung ist nur eine Konsequenz dieses unersättlichen Willens zur Macht; er ist *der unerschöpfte zeugende Lebens-Wille*, das *Prinzip des Lebens* schlechthin. Er ist aber auch *das Urfaktum aller Geschichte* und sublimiert sich bei den schöpferischen Menschen in der Kunst, als *Rausch des großen Willens, der zur Kunst verlangt*. So heißt es in der Götzendämmerung:

Das höchste Gefühl von Macht und Sicherheit kommt in dem zum Ausdruck, was großen Stil hat. Die Macht, die keinen Beweis mehr nötig hat; die es verschmäht, zu gefallen; die schwer antwortet; die keinen Zeugen um sich fühlt; die ohne Bewußtsein davon lebt, daß es Widerspruch gegen sie gibt; die in sich ruht, fatalistisch, ein Gesetz unter Gesetzen: Das redet als großer Stil von sich.

In den gleichen Aphorismen steckt die alte Abneigung gegen das sokratische Wesen, gegen Rationalität und Erkenntnis. Der blinde, ganz und gar triebhafte Wille ist das Prinzip nicht nur des Lebens, sondern auch noch des schöpferischen Vorganges. Einsichten, die eine Generation vor Freud formuliert wurden, die alle bisherigen Wertvorstellungen in Frage stellten und doch nicht sein konnten, was sie zu sein vorgaben: Vorspiel für eine Philosophie der Zukunft.

ELITEGEDANKEN

Die Umwertung aller Werte setzt selbst neue Werte. Darin liegt der Anschein des Revolutionären und Originellen: Nietzsche, der Kranke, der Einsame, der Verkannte und der zeit seines Lebens Erfolglose feiert den Sieg der Stärke. Von der dionysischen Philosophie der *Geburt der Tragödie* geht über den *Zarathustra* bis zum Ende ein Zug zur Gewalt durch dieses Denken. Eine Lobpreisung der Gewalt in vielerlei Gestalt. Das neue Evangelium ist eine Rechtfertigung der physisch und geistig Starken; aus beiden bildet sich die künftige Elite der Macht. Eine Aristokratie der Vornehmen, die das Opfer der Schwachen, der Sklaven getrost annehmen dürfen. Der große Mensch, das höhere Individuum: Aristokrat, tyrannischer Herrscher, Heros – er allein ist von höchstem Wert. Die großen Menschen sind die einzige Apologie der menschlichen Gesellschaft und ihrer Geschichte:

Die Revolution, Verwirrung und Not der Völker ist das Geringere in meiner Betrachtung, gegen die Not der großen Einzelnen in ihrer Entwicklung...: die vielen Nöte aller dieser Kleinen bilden zusammen keine Summe, außer im Gefühle von mächtigen Menschen. Am konkreten Beispiel ausgeführt: *Die Revolution ermöglichte Napoleon: das ist ihre Rechtfertigung. Um einen ähnlichen Preis würde man den anarchistischen Einsturz unsrer ganzen Zivilisation wünschen müssen. Napoleon ermöglichte den Nationalismus: das ist dessen Entschuldigung.*

Nietzsche wollte der Prophet einer kommenden kleinen Elite sein, die als herrschende Klasse privilegiert ist. Der Weg dieser Elite aber soll von Härte auch gegen sich selbst sein:

Solchen Menschen, welche mich etwas angehn, wünsche ich Leiden, Verlassenheit, Krankheit, Mißhandlung, Entwürdigung, – ich wünsche, daß ihnen die tiefe Selbstverachtung, die Marter des Mißtrauens gegen sich, das Elend des Überwundenen nicht unbekannt bleibt: ich habe kein Mitleid mit ihnen, weil ich ihnen das einzige wünsche, was heute beweisen kann, ob Einer Wert hat oder nicht, – daß er standhält.

Die Parole von der Standhaftigkeit um ihrer selbst willen darf als Grundsatz existenzphilosophischer Überlegungen im 20. Jahrhundert angesehen werden: auch hier war Nietzsche mit seinem Gedanken von der einsamen Größe des aristokratischen Menschen einer der entscheidenden Wegbereiter eines Teils der künftigen Philosophie vor allem in Deutschland. Die Mächtigen sind diesem Denken die Vornehmen: *Raubtiere*, denen die Devise *gefährlich leben* zum Schlüssel für das Geheimnis des guten Lebens wird. Der Moralkodex der Sklaven, des Herdentieres, ist demgegenüber der Ausdruck von Schwäche:

Die angenehmen Gefühle, die der Gute, Wohlwollende, Gerechte uns einflößt (im Gegensatz zu der Spannung, Furcht, welche der große, neue Mensch hervorbringt) sind unsere persönlichen Sicherheits-, Gleichheits-Gefühle; das Herdentier verherrlicht dabei die Herdennatur und empfindet sich selber dann wohl. Dies Urteil des Wohlbehagens maskiert sich mit schönen Worten – so entsteht «Moral».

Nietzsche, der sich im *Antichrist* zu maßlosen Ausfällen gegen das Christentum hinreißen läßt, versteigt sich zugleich in theologische Spekulation, die freilich in ihrer aphoristischen Form betörend scharfsinnige Gedanken zeitigt, die jeden Gläubigen beeindrucken: *Es ist falsch bis zum Unsinn, wenn man in einem «Glauben», etwa im Glauben an die Erlösung durch Christus das Abzeichen des Christen sieht: bloß die christliche Praktik, ein Leben so wie Der, der am Kreuze starb, es lebte, ist christlich . . .* Und plötzlich brechen harmonisierende Akkorde in jener mystischen und romantischen Tonart auf, die für Nietzsches ganze Herkunft bezeichnend sind:

Das «Himmelreich» ist ein Zustand des Herzens – nicht etwas, das «über der Erde» oder «nach dem Tode» kommt. Der ganze Begriff des natürlichen Todes fehlt im Evangelium: der Tod ist keine Brücke, kein Übergang, er fehlt, weil einer ganz andern, bloß scheinbaren, bloß zu Zeichen nützlichen Welt zugehörig. Die «Todesstunde» ist kein christlicher Begriff – die «Stunde», die Zeit, das physische Leben und seine Krisen sind gar nicht vorhanden für den Lehrer der «frohen Botschaft» . . . Das «Reich Gottes» ist nichts, das man erwartet; es hat kein Gestern und kein Übermorgen, es kommt nicht in «tausend Jahren» – es ist eine Erfahrung an einem Herzen; es ist überall da, es ist nirgends da . . .

Wer dergleichen Gedanken herausbricht und Nietzsche zum Typus des modernen gottnahen Atheisten erklärt, darf freilich nicht den Gesamttenor seiner Äußerungen über das Christentum darüber vergessen. Nietzsches Immoralismus bleibt bis zum Ende im äußersten Gegensatz zu christlichen Vorstellungen. Das gilt auch dann, wenn man jenen sich fast überschlagenden Schluß des *Antichrist* als von hereinbrechenden Wahnsinn gezeichnet ansieht.

LETZTE RECHENSCHAFT

Diese Schlußphase wirkt wie der Versuch der Verdeutlichung alles dessen, was er je gedacht und intendiert hatte. Doch es gelingt nicht, solche Rechenschaft mit der Ahnung des Endes zu begründen. Nietzsche erlebte 1888 einen letzten, unerhörten Schaffensrausch, seine Arbeiten aber zeigen dabei schon die Gespensterschatten der heraufziehenden Nacht. Auch mit Wagner, der 1883 starb, setzt er sich noch einmal auseinander, fünf Jahre nach dem Tod des Mannes, dem er so Entscheidendes verdankte und der von ihm immer als sein bedeutendster geistiger Gegner verstanden wurde. So schrieb er im Frühjahr 1888 die Broschüre *Der Fall Wagner;* nicht genug damit, faßte er gegen Ende des Jahres nochmals alte Argumente seiner früheren Schriften gegen seinen vermeintlichen Widersacher zusammen und vereinigte diese Aufzeichnungen unter dem Titel *Nietzsche contra Wagner* in einem Manuskript, das Weihnachten fertig wurde. Es sollte Nietzsches letzte Arbeit sein. Schon im *Fall Wagner* brach der Haß offen durch, und die Ausspielung Bizets gegen Wagner zeigt, wie sehr eifersüchtiges Ressentiment Nietzsches sonst so ausgeprägtes Qualitätsbewußtsein in Dingen der Musik getrübt hatte. Nietzsche brachte es über sich, zwanzig Aufführungen der «Carmen» zu besuchen. *Ecce Homo* jedoch, jene vielleicht seltsamste aller Autobiographien, zeigt darüber hinaus, daß sich auch sein musikalischer Geschmack im ganzen gewandelt hatte: *Ich sage noch ein Wort für die ausgesuchtesten Ohren: was ich eigentlich von der Musik will. Daß sie heiter und tief ist, wie ein Nachmittag im Oktober. Daß sie eigen, ausgelassen, zärtlich, ein kleines süßes Weib von Niedertracht und Anmut ist* ... Wagner im ganzen wird herabgesetzt, er ist ein *Schauspieler,* ein Künstler, der nur im kleinen, in der Ausführung des Details Verdienste habe, ein verunglücktes Genie. Die Kritik mündet in pathologischen Aspekten:

Wagners Kunst ist krank. Die Probleme, die er auf die Bühne bringt – lauter Hysteriker-Probleme –, das Konvulsivische seines Affekts, seine überreizte Sensibilität, sein Geschmack, der nach immer schärferen Würzen verlangte, seine Instabilität, die er zu Prinzipien verkleidete, nicht am wenigsten die Wahl seiner Helden und Heldinnen, diese als physiologische Typen betrachtet (– eine Kranken-Galerie! –): Alles zusammen stellt ein Krankheitsbild dar, das keinen Zweifel läßt. Wagner est une névrose.

Unbewußt verleiht Nietzsche Wagner Züge seines eigenen Zustandes.

DAS ENDE:
DIONYSOS GEGEN DEN GEKREUZIGTEN

Am 3. Januar 1889 gab Nietzsche in Turin drei Botschaften zur Post. In der einen von ihnen heißt es, daß *ein gewisser göttlicher Hanswurst dieser Tage mit den Dionysos-Dithyramben fertig geworden ist* ... Es sind Gedichte, die in den Jahren 1884 bis 1888 entstanden waren und deren Reinschrift Nietzsche nun plötzlich anfertigte. Sie verschlüs-

Aus den Dionysos-Dithyramben, 1886

seln sein Freundschaftsverhältnis zu Cosima Wagner in der Gestalt der Ariadne und verraten dabei mehr über Nietzsches Zustand, in dem er sich durch seinen eigenen Bruch mit den Bayreuther Freunden befand, als alles andere. In der *Klage der Ariadne* heißt es:

> *Nein!*
> *komm zurück!*
> *Mit allen deinen Martern!*
> *(––––…)*
> *All meine Thränen laufen*
> *zu dir den Lauf*
> *und meine letzte Herzensflamme*
> *dir glüht sie auf.*
> *Oh komm zurück*
> *mein unbekannter Gott! mein Schmerz!*
> *mein letztes Glück!*

Und im *Ecce Homo* schreibt Nietzsche im Rückblick auf das *Nachtlied* im *Zarathustra*: *Dergleichen ist nie gedichtet, nie gefühlt, nie gelitten worden: so leidet ein Gott, ein Dionysos. Die Antwort auf einen solchen Dithyrambus der Sonnen-Vereinsamung im Lichte wäre Ariadne … wer weiß außer mir, was Ariadne ist! …* Dieses Wissen hat er in seinem letzten, schon in der Umnachtung geschriebenen Brief an Burckhardt preisgegeben: *Der Rest für Frau Cosima … Ariadne.*

Die gezackte Schönheit der *Dionysos-Dithyramben*, die Peter Gast 1891 herausgab, hat die blinden Verehrer Nietzsches stets verzückt

Cosima Wagner. Marmorbüste von G. Kietz

und verzaubert; die Gedichte sind keinesfalls die Offenbarung, für die sie oft ausgegeben wurden, zeigen aber das erschütternde Ausmaß des Leidens, dem Nietzsche am Ende seines Schaffens ausgesetzt war. Vergebens versuchte er das zu beschwören und in das sich hineinzusteigern, was er seiner Natur nach nicht war und nicht sein konnte. Was ihm blieb, war eine Verheißung; die Verheißung seiner eigenen Philosophie, an die er sich zuletzt noch klammern mochte:

Dionysos gegen den «Gekreuzigten»: da habt ihr den Gegensatz. Im ersten Falle soll es der Weg sein zu einem heiligen Sein; im letzteren Fall gilt das Sein als heilig genug, um ein Ungeheures von Leid noch zu rechtfertigen. Der tragische Mensch bejaht noch das

Georg Brandes

herbste Leiden: er ist stark, voll, vergöttlichend genug dazu; der christliche verneint noch das glücklichste Los auf Erden: er ist schwach, arm, enterbt genug, um in jeder Form noch am Leben zu leiden. Der Gott am Kreuz ist ein Fluch auf das Leben, ein Fingerzeig, sich von ihm zu erlösen – der in Stücke geschnittne Dionysos ist eine Verheißung des Lebens: es wird ewig wiedergeboren und aus der Zerstörung heimkommen.

1888, im letzten Jahr seines bewußten Lebens, erreichte Nietzsche auf seinen zahllosen Reisen noch einmal eine neue Station. Den Winter hatte er in Nizza verbracht, am 5. April aber kam er nach Turin, und die Stadt gefiel ihm sofort so gut, daß er sie später in einem Brief an die Mutter als einen *wahren Glücksfund* für sich bezeichnete. Der Aufenthalt begann auch sogleich mit einer äußerst erfreulichen Nachricht: Georg Brandes hatte an der Universität Kopenhagen Vorlesungen über den deutschen Philosophen Friedrich Nietzsche angekündigt. Solche Botschaft mag wie eine Vorahnung künftigen Ruhms geklungen haben, den Nietzsche selbst nicht mehr erlebt hat. Sein Gesundheitszustand war 1888 wieder äußerst schlecht. Er fühlte sich miserabel, von den kurzen Phasen erleuchteter Besessenheit abgesehen. Im Sommer war er in Sils-Maria. Es war sein 7. Aufenthalt in dem von ihm so geliebten Ort. Am 21. September fuhr er wiederum nach Turin, und während er in den nun folgenden Wochen und Monaten an seinen letzten Manuskripten arbeitete, wurde sein Leben zusehends sonderlicher. Gleichzeitig wuchs seine Selbsteinschätzung ins weiter Maßlose. *Ecce Homo* ist das bleibende Zeugnis dieser Selbstverherrlichung. Über die Tage zwischen Weihnachten 1888 und der ersten Woche des neuen Jahres wissen wir wenig. Zweifellos kündigte sich der Ausbruch der Krankheit nun ganz deutlich an. Nietzsche verrät Overbeck seine Absicht, die Geschicke der Welt selbst in die Hand nehmen zu wollen:

Ich selber arbeite eben an einem Promemoria für die europäischen Höfe zum Zwecke einer antideutschen Liga. Ich will das «Reich» in ein eisernes Hemd einschnüren und zu einem Verzweiflungskrieg provozieren. Ich habe nicht eher die Hände frei, bevor ich nicht den jungen Kaiser, samt Zubehör in den Händen habe.

Das war am 28. 12., und am Silvestertag beantwortete er eine Postkarte Peter Gasts mit den Zeilen: *Ah, Freund! welcher Augenblick! – Als Ihre Karte kam, was tat ich da … Es war der berühmte Rubicon …*

– Meine Adresse weiß ich nicht mehr: nehmen wir an, daß sie zunächst der Palazzo del Quirinale sein dürfte.

Am 4. Januar 1889 folgte eine Postkarte mit den Worten:

Meinem maestro Pietro.
Singe mir ein neues Lied: die Welt ist verklärt und alle Himmel freuen sich.
Der Gekreuzigte.

Nietzsche hatte das letzte Stadium seines Größenwahns erreicht. Der Zusammenbruch erfolgte am 3. Januar in Turin auf der Piazza Carlo Alberto. Als Nietzsche gerade seine Wohnung verlassen hatte, sah er, wie ein brutaler Droschkenkutscher sein Pferd mißhandelte. Unter Tränen und Wehklagen warf er sich dem Tier um den Hals und brach zusammen. Wenige Tage später holte Overbeck ihn ab und brachte den Kranken in die Basler Nervenklinik. Der Arzt notierte:

«Pupillen different, rechte größer wie die linke, sehr träge reagierend. Strabismus convergens. Starke Myopie. Zunge stark belegt; keine Deviation, kein Tremor! Facialisinnervation wenig gestört;... Patellarreflexe erhöht;... kein rechtes Krankheitsbewußtsein, fühlt sich ungemein wohl und gehoben. Gibt an, daß er seit acht Tagen krank sei und öfters an heftigen Kopfschmerzen gelitten habe. Er habe auch einige Anfälle gehabt, während derselben habe sich Pat. ungemein wohl und gehoben gefühlt, und hätte am liebsten alle Leute auf der Straße umarmt und geküßt, wäre am liebsten an den Mauern in die Höhe geklettert.»

Mitte Januar holte ihn die Mutter ab, und in Overbecks Beglei-

Nietzsche an Peter Gast. Turin, 4. Januar 1889

tung wurde die Reise nach Jena angetreten, wo Nietzsche in der Klinik von Professor Binswanger Aufnahme fand. Die Basler Diagnose lautete: «Paralysis progressiva». In der folgenden Zeit nahm Nietzsches allgemeine Geistesgestörtheit zu, während er sich gleichzeitig beruhigte und sich die Größenwahnsinnsvorstellungen allmählich verminderten. Im März 1890 erhielt die Mutter, die eine Wohnung in Jena genommen hatte, die Erlaubnis, ihn zu sich zu nehmen und zu pflegen. Deussen sah ihn zuletzt an seinem 50. Geburtstag am 15. Oktober 1894 und wußte darüber zu berichten:

«Ich erschien in der Frühe, da ich bald nachher abreisen mußte. Seine Mutter führte ihn herein, ich wünschte ihm Glück, erzählte ihm, daß er heute fünfzig Jahre alt werde, und überreichte ihm einen Blumenstrauß. Von alledem verstand er nichts. Nur die Blumen schienen einen Augenblick seine Teilnahme zu erregen, dann lagen auch sie unbeachtet da.»

Nietzsches Umnachtung währte länger als ein Jahrzehnt. Nach dem Tod der Mutter, 1897, übernahm die Schwester, die inzwischen verwitwet aus Paraguay zurückgekehrt war, die Pflege. Elisabeth Förster-Nietzsche hatte ein Haus in Weimar bezogen, in dem sie nicht nur ihren geisteskranken Bruder hütete, sondern auch seine Bücher, Manuskripte und Notizen versammelte, und sie begann schon bald und noch zu Lebzeiten des Bruders mit jener äußerlichen und falschen Repräsentation, die der Ursprung der Nietzsche-Legende werden sollte. Nietzsche selbst hat von alledem nichts mehr gewußt. Er starb am 25. August 1900 und wurde auf dem Friedhof zu Röcken neben seinem Vater begraben. Schon wenige Jahre später begann der Weltruhm des größten Diagnostikers des europäischen Nihilismus.

Mit der Mutter, nach Ausbruch der Krankheit

ZEITTAFEL

1844	15. Oktober: Friedrich Nietzsche als Pfarrerssohn zu Röcken bei Lützen, Provinz Sachsen, geboren
1849	30. Juli: Nietzsches Vater stirbt
1850	Übersiedlung der Familie nach Naumburg
1858	Oktober – September 1864: Schüler des Gymnasiums Schulpforta bei Naumburg
1864	Oktober: Studium der Theologie und klassischen Philologie an der Universität Bonn
1865	Oktober: Fortsetzung des Studiums in Leipzig. Erste Bekanntschaft mit Schopenhauers Hauptwerk
1866	Beginn der Freundschaft mit Erwin Rohde
1868	8. November: Erste persönliche Bekanntschaft mit Richard Wagner zu Leipzig
1869	Februar: Berufung an die Universität Basel als außerordentlicher Professor der klassischen Philologie
	17. Mai: Erster Besuch bei Wagner in Tribschen bei Luzern
	28. Mai: Antrittsrede an der Universität Basel über *Homer und die klassische Philologie.* Beginn der Beziehungen zu Jacob Burckhardt
1869 – 1871	Entstehung der *Geburt der Tragödie* (erscheint Neujahr 1872)
1870	März: Ordentlicher Professor
	August: Teilnahme am Deutsch-Französischen Krieg als freiwilliger Krankenpfleger; schwere Erkrankung
	Oktober: Rückkehr nach Basel. Beginn der Freundschaft mit dem Theologen Franz Overbeck
1872	Februar – März: Basler Vorträge *Über die Zukunft unserer Bildungsanstalten* (erst mit dem Nachlaß veröffentlicht)
	April: Abschied Wagners von Tribschen. – 22. Mai: Grundsteinlegung des Bayreuther Festspielhauses, Wagner und Nietzsche in Bayreuth
1873	Die erste *Unzeitgemäße Betrachtung: David Strauß, der Bekenner und der Schriftsteller*
	Die zweite *Unzeitgemäße Betrachtung: Vom Nutzen und Nachteil der Historie für das Leben* (erscheint 1874)
	Das Fragment: *Die Philosophie im tragischen Zeitalter der Griechen* (erst mit dem Nachlaß veröffentlicht)
1874	Die dritte *Unzeitgemäße Betrachtung: Schopenhauer als Erzieher*
1875 – 1876	Die vierte *Unzeitgemäße Betrachtung: Richard Wagner in Bayreuth*
1875	Oktober: Erste Bekanntschaft mit dem Musiker Peter Gast (Heinrich Köselitz)
1876	August: Erste Bayreuther Festspiele. Nietzsche in Bayreuth. – September: Beginn der freundschaftlichen Beziehungen zu dem Psychologen Paul Reé. Zunehmende Krankheit. – Oktober: Gesundheitsurlaub von der Universität Basel. Winter in Sorrent mit Reé und Malwida von Meysenbug
	Oktober – November: Letztes Zusammensein Nietzsches mit Wagner in Sorrent
1876 – 1878	*Menschliches Allzumenschliches*, Erster Teil
1878	3. Januar: Letzte Sendung Wagners an Nietzsche: «Parsifal».

	– Mai: Letzter Brief Nietzsches an Wagner, mit Übersendung von *Menschliches Allzumenschliches*
1879	Schwere Erkrankung. Aufgabe seines Lehramtes an der Universität Basel
1880	*Der Wanderer und sein Schatten. Menschliches Allzumenschliches*, Zweiter Teil
	März – Juni: Erster Aufenthalt in Venedig
	Ab November: Erster Winter in Genua
1880 – 1881	*Morgenröte*
1881	Erster Sommer in Sils-Maria
	27. November: Nietzsche hört in Genua zum erstenmal Bizets «Carmen»
1881 – 1882	*Die fröhliche Wissenschaft*
1882 – 1888	Versuch einer Umwertung aller Werte
1882	März: Sizilianische Reise
	April – November: Freundschaftsepisode mit Lou Salomé
	Ab November: Winter in Rapallo
1883	Februar: In Rapallo entsteht der erste Teil von *Also sprach Zarathustra* (gedruckt 1883)
	Ab Dezember: Erster Winter in Nizza
1884	Januar: In Nizza entsteht der dritte Teil des *Zarathustra* (gedruckt 1884)
	August: Heinrich von Steins Besuch in Sils-Maria
	November – Februar 1885: In Mentone und Nizza entsteht der vierte Teil des *Zarathustra* (Privatdruck 1885)
1884 – 1885	*Jenseits von Gut und Böse* (erscheint 1886)
1886	Mai – Juni: Letztes Zusammensein mit Erwin Rohde in Leipzig.
1887	*Genealogie der Moral*
	11. November: Letzter Brief an Erwin Rohde
1888	April: Erster Aufenthalt in Turin. – Georg Brandes hält an der Universität Kopenhagen Vorlesungen «über den deutschen Philosophen Friedrich Nietzsche»
	Mai – August: *Der Fall Wagner*. – Abschluß der *Dionysos-Dithyramben*
	August – September: *Götzendämmerung* (erscheint Januar 1889)
	September: *Der Antichrist. Versuch einer Kritik des Christentums* (Umwertung aller Werte I)
	Oktober – November: *Ecce Homo* (erscheint 1908)
	Dezember: *Nietzsche contra Wagner. Aktenstücke eines Psychologen* (erst in den *Werken* veröffentlicht)
1889	In den Januartagen geistiger Zusammenbruch in Turin
1897	Ostern: Tod der Mutter. – Übersiedlung mit der Schwester nach Weimar
1900	25. August: Nietzsche stirbt in Weimar

ZEUGNISSE

KARL JASPERS

Philosophieren mit Nietzsche bedeutet ein ständiges sich gegen ihn Behaupten. In dem Feuer seines Denkens kann sich das eigene Dasein, geprüft durch die grenzenlose Redlichkeit und Gefahr Nietzscheschen Infragestellens, läutern zum Innewerden eigentlichen Selbstseins. Dieses Selbstsein kann nur erfahren werden als das, was in keinem Dasein, in keiner Objektivität und Subjektivität des Weltseins, sondern allein in der Transzendenz vergehen soll, zu der Nietzsche nicht unmittelbar führt, von der er vielmehr befreien will. Aber der Ernst des totalen Sichhingebens, wie es Nietzsche vollzogen hat, ist – trotz seines *Verwerfens* der Transzendenz – wie das ungewollte Gleichnis und Vorbild der Tiefe des Verzehrtwerdens *durch* Transzendenz. Vor Nietzsche wächst die Scheu als vor dem Unbegreiflichen, das nur dem Ursprung selbst, nicht uns, durchsichtig sein kann.

KARL LÖWITH

Als Kritiker der bestehenden Welt bedeutet Nietzsche für das 19. Jahrhundert, was Rousseau im 18. war. Er ist ein umgekehrter Rousseau: ein Rousseau durch seine ebenso eindringliche Kritik der europäischen Zivilisation und ein umgekehrter, weil seine kritischen Maßstäbe genau entgegengesetzt zu Rousseaus Idee vom Menschen sind.

Im Zarathustra hat Nietzsche diese ganze Welt einer verfallenen Humanität verhöhnt und das Bild vom «letzten Menschen» geprägt. Sein Gegenbild ist der Übermensch. Als eine philosophische Konzeption zur Überwindung des Nihilismus hat diese Idee zwar keinen unmittelbar sozialen Gehalt und politischen Sinn, aber mittelbar wird sie konkret in Nietzsches historischen Reflexionen auf überragende «Ausnahmemenschen», und in seiner Idee von künftigen «Herrenmenschen», welche die Aufgabe haben, dem Herdenmenschen der Demokratie ein Ziel seines Daseins zu geben.

MARTIN HEIDEGGER

Die Auseinandersetzung mit Nietzsche hat weder schon begonnen noch sind dafür die Voraussetzungen geschaffen. Bislang wird Nietzsche entweder belobigt und nachgeahmt oder beschimpft und ausgebeutet. Nietzsches Denken und Sagen ist uns noch so gegenwärtig. Er und wir sind geschichtlich noch nicht hinreichend weit auseinandergesetzt, damit sich der Abstand bilden kann, aus dem eine Würdigung dessen zum Reifen kommt, was die Stärke dieses Denkers ist.

Aber man erzählt sich seit langem auf den deutschen Lehrstühlen

der Philosophie, Nietzsche sei kein strenger Denker, sondern ein
«Dichterphilosoph». Nietzsche gehöre nicht zu den Philosophen, die
nur abstrakte, vom Leben abgezogene und schattenhafte Sachen aus-
denken. Wenn man ihn schon einen Philosophen nenne, dann müsse
er als ein «Lebensphilosoph» verstanden werden. Dieser seit längerer
Zeit beliebte Titel soll zugleich den Verdacht nähren, als sei die Philosophie sonst für die Toten und daher im Grunde entbehrlich. Eine
solche Ansicht kommt völlig überein mit der Meinung jener, die in
Nietzsche «den Lebensphilosophen» begrüßen, der endlich mit dem
abstrakten Denken aufgeräumt habe. Diese landläufigen Urteile über
Nietzsche sind irrig. Der Irrtum wird nur dann erkannt, wenn eine
Auseinandersetzung mit Nietzsche zugleich durch eine Auseinandersetzung im Bereich der Grundfrage der Philosophie in Gang kommt.

ERNST BERTRAM

Auch Nietzsche scheint auf die Stirn seines vielgesegneten und viel-
verlästerten Namens die Schicksale und das Andenken vieler Vorläufer magnetisch herabzuziehen. Er erscheint, heute, als der letzte
und größte Erbe aller derer, die vom Stamme des luziferischen Trotzes sind – aber eines Trotzes, der mit göttlichem Heimweh rätsel-
haft vermischt und beinahe identisch ist; der Erbe alles prometheischen Hochmuts, alles prometheischen Willens zum neuen götterlos
göttlichen Menschen, und alles prometheisch stolzen Duldens. Er ist
der Erbe und Schicksalsbruder aller, deren Geschlecht nicht nur goe-
thisch aus dem Dunklen ins Helle strebt, sondern die eine tiefe Not
wiederum aus dem Hellen, allzu Erhellten hinab ins Dunkle, ins Un-
gewisse hinab treibt; deren Wesen, «eins und doppelt» wie die Lieder
des Divan, gleich Proserpina zwei Reichen der Seele angehören muß.
Und wenn Nietzsche, der Mörder Gottes, auf seine Weise auch Künder eines Gottes ist, so ist es sicherlich ein Gott, der neben dem lich-
ten Namen eines Gottes auch einen sehr dunklen Namen trägt –
gleich dem Eros des Platon und gleich dem «zweimal geborenen»
Dionysos.

GEORG LUKÁCS

Bei Nietzsche dringt das Prinzip der indirekten Apologetik auch in
die Darstellungsart ein: seine aggressive reaktionäre Stellungnahme
für den Imperialismus kommt in der Form einer hyperrevolutionä-
ren Geste zum Ausdruck. Das Bekämpfen von Demokratie und Sozialismus, der Mythos des Imperialismus, der Aufruf zu einer bar-
barischen Aktivität sollen als eine noch nie dagewesene Umwälzung,
als «Umwertung aller Werte», als «Götterdämmerung» erscheinen:
die indirekte Apologetik des Imperialismus als demagogisch wirkungs-
volle Pseudorevolution.

GOTTFRIED BENN

Eigentlich hat alles, was meine Generation diskutierte, innerlich sich auseinanderdachte, man kann sagen: erlitt, man kann sagen: breittrat – alles das hatte sich bereits bei Nietzsche ausgesprochen und erschöpft, definitive Formulierung gefunden, alles Weitere war Exegese. Seine gefährliche stürmische blitzende Art, seine ruhelose Diktion, sein Sichversagen jeden Idylls und jeden allgemeinen Grundes, seine Aufstellung der Triebpsychologie, des Konstitutionellen als Motiv, der Physiologie als Dialektik – «Erkenntnis als Affekt», die ganze Psychoanalyse, der ganze Existentialismus, alles dies ist seine Tat. Er ist, wie sich immer deutlicher zeigt, der weitreichende Gigant der nachgoetheschen Epoche.

Nun kommen einige und sagen, Nietzsche ist politisch gefährlich. Unter diesem Gesichtspunkt muß man sich nun allerdings einmal die Politiker betrachten. Das sind Leute, die, wenn sie rhetorisch werden, sich immer hinter den Thesen von Geistern verstecken, die sie nicht verstehen, von geistigen Menschen. Was kann Nietzsche dafür, daß die Politiker nachträglich bei ihm ihr Bild bestellten? Nietzsche sah das kommen, er schrieb im Juni 84 an seine Schwester, daß ihm der Gedanke Schrecken mache, was für Unberechtigte und gänzlich Ungeeignete sich einmal auf seine Autorität berufen würden. Er sagte ferner, er wolle Zäune um seine Gedanken haben –, daß mir nicht in meine Gärten die Schweine und Schwärmer brechen: Trotzdem bleibt es bemerkenswert, daß er in einer gewissen Periode seines Schaffens (Zarathustra) unter der Führung darwinistischer Ideen stand, an die Auswahl der Tüchtigen, den Kampf ums Dasein, den nur die Härtesten bestehn, glaubte, aber er übernahm diese Begriffe zur Färbung seiner Vision, ihm war nicht gegeben, seine Vision an den Bildern von Heiligenlegenden zu entzünden. Die blonde Bestie, die sich dann personifizierte, hätte er bestimmt nicht begrüßt. Er als Mensch war arm, makellos, rein – ein großer Märtyrer und Mann. Ich könnte hinzufügen, für meine Generation war er das Erdbeben der Epoche und seit Luther das größte deutsche Sprachgenie.

THOMAS MANN

Daß Philosophie nicht kalte Abstraktion, sondern Erleben, Erleiden und Opfertat für die Menschheit ist, war Nietzsches Wissen und Beispiel. Er ist dabei zu den Firnen grotesken Irrtums emporgetrieben worden, aber die Zukunft war in Wahrheit das Land seiner Liebe, und den Kommenden, wie uns, deren Jugend ihm Unendliches dankt, wird er als eine Gestalt von zarter und ehrwürdiger Tragik, umloht vom Wetterleuchten dieser Zeitenwende, vor Augen stehen.

BIBLIOGRAPHIE

Die vollständige Bibliographie der in aller Welt bis heute über Nietzsche veröffentlichten Schriften umfaßt mehr als dreieinhalbtausend Titel. Die Gesamt- und Einzelausgaben der Werke sind darin noch nicht enthalten. Für die nachfolgende Bibliographie mußte deshalb eine scharfe Auswahl getroffen werden. Sie bringt neben den Erstausgaben und den wichtigsten Gesamtausgaben zunächst Standardwerke zur Biographie und zur Einführung in das Gesamtwerk. Die angeführten Einzeluntersuchungen vermögen einen Eindruck von der vielfältigen Wirkungsgeschichte Nietzsches zu vermitteln. Philosophen, Theologen, Psychoanalytiker, Kulturhistoriker, Juristen und Anthroposophen haben sich seines Werkes bemächtigt und sich mit ihm auseinandergesetzt. Die ideologische Kontroverse setzte früh ein und wurde nach 1933 zeitweise dominierend. In dem Maße, in dem von nationalsozialistischen Autoren Nietzsche für den Faschismus in Anspruch genommen wurde, erschienen im Ausland kritische Schriften und Pamphlete gegen Nietzsche als geistigen Wegbereiter des Dritten Reiches. Gleichzeitig nahmen aber auch immer wieder gerade ausländische oder ins Ausland emigrierte Autoren Nietzsche gegen verfälschende nationalsozialistische Interpretationen in Schutz. Deshalb wurden hier auch eine Reihe dieser in oft rein ideologischer Absicht verfaßten Schriften aufgeführt, nicht weil der Autor sie empfehlen möchte, sondern weil sie zur Gesamtbeurteilung der Wirkung von Nietzsches Werken unentbehrlich sind.

1. Hilfsmittel, Bibliographien

OEHLER, RICHARD: Nietzsche-Register. Leipzig 1926
REICHERT, HERBERT W., und KARL SCHLECHTA (Hg.): International Nietzsche Bibliographie. Studies in comparative literature. University of North California, Nr. 29, Chapel Hill, N. C., 1960
SCHLECHTA, KARL: Nietzsche-Index zu den Werken in drei Bänden. München 1965
WÜRZBACH, FRIEDRICH: Nietzsche. Ein Gesamtüberblick über die bisherige Nietzsche-Literatur. In: Literarische Berichte aus dem Gebiet der Philosophie (Hg. ARTHUR HOFMANN), H. 19–20, Erfurt 1926

2. Erstausgaben und Neuauflagen zu Nietzsches Lebzeiten

Die Geburt der Tragödie aus dem Geiste der Musik. Leipzig 1872 – 2. Aufl. 1878
Unzeitgemäße Betrachtungen; vier Stücke gegen das optimistische Bildungsideal der Zeit und ihren Historismus. Leipzig 1873–1876 – 2. Aufl. 1893 (2 Bde.)
Menschliches Allzumenschliches. Ein Buch für freie Geister. Chemnitz 1878 – 2 Nachtr. 1879–1880
Morgenröte. Gedanken über moralische Vorurteile. Chemnitz 1881 – 2. Aufl. 1887
Die fröhliche Wissenschaft. Chemnitz 1882 – 2. Aufl. Leipzig 1887
Also sprach Zarathustra. Ein Buch für Alle und Keinen. 4 Teile. Chemnitz-Leipzig 1883–1891 – 2. Aufl. Leipzig 1893
Jenseits von Gut und Böse. Vorspiel einer Philosophie der Zukunft. Leipzig 1886 – 2. Aufl. 1891
Zur Genealogie der Moral. Leipzig 1887 – 2. Aufl. 1892

3. Gesamtausgaben der Werke

Werke. 16 Bde. Leipzig 1895–1904 (Erste Gesamtausgabe) – Großoktavausgabe in 20 Bdn. mit Reg. Leipzig 1905 f
Kröner Taschenausgabe. 12 Bde. Leipzig 1930 f
Musarion-Ausgabe. 23 Bde. München 1920–1929
Historisch-kritische Gesamtausgabe der Werke und Briefe (Hg. Nietzsche-Archiv). München 1933 f [Nicht abgeschlossen.]
Werke in 3 Bdn. Hg. KARL SCHLECHTA. 2. durchges. Aufl. München 1960 [Bisher beste und sorgfältigste Ausgabe, enthält alle Werke, den Nachlaß und eine Auswahl wichtiger Briefe.]
Sämtliche Werke. Dünndruckausgabe in 12 Bdn. Stuttgart 1965
Werke in 2 Bdn. Hg. IVO FRENZEL. München 1967
Werke. Kritische Gesamtausgabe. Hg. GIORGIO COLLI und MAZZINO MONTINARI. Berlin 1967 f

4. Briefe, Briefwechsel, Biographisches

Gesammelte Briefe. 5 Bde. Berlin und Leipzig 1900 f
Briefwechsel. Kritische Gesamtausgabe. Hg. von GIORGIO COLLI und MAZZINO MONTINARI. Abt. 1, Bd. 1 f. Berlin 1975 f
Briefwechsel mit Erwin Rohde. Leipzig 1923
Briefwechsel mit Franz Overbeck, Leipzig 1916
Nietzsches Briefe an Peter Gast. Berlin 1929
Peter Gasts Briefe an Friedrich Nietzsche. 2 Bde. Berlin 1923
Nietzsches Briefe an Mutter und Schwester. Berlin 1929
Briefe. Friedrich Nietzsche, Paul Rée, Lou von Salomé (Lou Andreas-Salomé). Die Dokumente ihrer Begegnung. Hg. von ERNST PFEIFFER. Frankfurt a. M. 1971.
FÖRSTER-NIETZSCHE, ELISABETH: Das Leben Friedrich Nietzsches. Bd. 1: Der junge Nietzsche. Leipzig 1894 – Bd. 2: Der einsame Nietzsche. Leipzig 1904
FÖRSTER-NIETZSCHE, ELISABETH: Der werdende Nietzsche. Autobiographische Aufzeichnungen. München 1924

BERNOULLI, CARL ALBRECHT: Franz Overbeck und Friedrich Nietzsche. 2 Bde. Jena o. J. [1908]
DEUSSEN, PAUL: Erinnerungen an Friedrich Nietzsche. Leipzig 1901
STRECKER, KARL: Nietzsche und Strindberg. Mit ihrem Briefwechsel. München 1921

5. Einführungen, Gesamtdarstellungen und -deutungen

ANDLER, CHARLES: Nietzsche, sa vie et sa pensée. 6 Bde. Paris 1920–1931
ANDREAS-SALOMÉ, LOU: Friedrich Nietzsche in seinen Werken (1894). Dresden 1924
BÄUMLER, ALFRED: Nietzsche der Philosoph und Politiker. 3. Aufl. 1937
BERTRAM, ERNST: Nietzsche – Versuch einer Mythologie. Berlin 1929 – 8. erw. Aufl. Bonn 1965
CRESSON, A.: Nietzsche, sa vie, son œuvre, sa philosophie. Paris 1942
FÖRSTER-NIETZSCHE, ELISABETH, und HENRI LICHTENBERGER: Nietzsche und sein Werk. Dresden 1929
FRIEDLÄNDER, S.: Nietzsche. Eine intellektuelle Biographie. Berlin 1911

HALÉVY, D.: Nietzsche. Paris 1944
HECHEL, KARL: Nietzsche, sein Leben und seine Lehre. Leipzig o. J.
HEIDEGGER, MARTIN: Nietzsche. 2 Bde. Pfullingen 1961
HOFMILLER, JOSEF: Nietzsche. Lübeck 1953
JASPERS, KARL: Nietzsche. München 1936
KAUFMANN, WALTER A.: Nietzsche. Princeton 1950
KLAGES, LUDWIG: Stettiner Nietzsche-Vorträge. Stettin 1928
LESSING, THEODOR: Nietzsche. Berlin 1925
LOMBARDI, R.: Nietzsche. Rom 1945
MUCKLE, FRIEDRICH: Friedrich Nietzsche und der Zusammenbruch der Kultur.
  München 1921
OEHLER, RICHARD: Nietzsches philosophisches Werden. München 1926
PANNWITZ, RUDOLF: Einführung in Nietzsche. München 1920
REYBURN, H. A., und H. E. HINDERKS: Friedrich Nietzsche. Kempen 1947
RICHTER, RAOUL: Friedrich Nietzsche, sein Leben und sein Werk. Leipzig 1922
RIEHL, A.: Nietzsche, der Künstler und der Denker. Stuttgart 1923
RÖMER, HEINRICH: Nietzsche. Eine Gesamtdarstellung in 3 Teilen und 2
  Bänden. Leipzig 1921
STEINER, RUDOLF: Friedrich Nietzsche. Ein Kämpfer gegen seine Zeit. Dor-
  nach 1926

6. Einzeluntersuchungen

ABEGG, EMIL: Nietzsches Zarathustra und der Prophet des alten Iran. Zü-
  rich 1945
ABRAHAM, GERALD: Friedrich Nietzsche's attitute toward Richard Wagner.
  In: Music and Letters, London 1932
ACHELIS, THOMAS: Romantische Züge bei Nietzsche. Turin 1905
ACHELIS, THOMAS: Nietzsche und Overbeck. In: Hamburger Correspondent,
  Beilage Nr. 7/1908
ACKERKNECHT, ERWIN: Friedrich Nietzsche, der Prophet der schenkenden Tu-
  gend. In: Volkshochschul-Übungshefte, Nr. 104/1920
ACKERMANN, OTTO: Kant im Urteil Nietzsches. Tübingen 1939
ADAM, MARGARETHE: Nietzsches Stellung zur Frau. In: Die Frau, Nr. 36,
  Berlin 1929
ADLER, MAX: Arbeiterbriefe über Nietzsche. Zürich 1921
ADLER, R.: Speaking as one superman to another. In: New York Times
  Magazine, 17. Oktober 1943
ALER, J. M.: Im Spiegel der Form. Stefan George und Nietzsche. Amsterdam
  1947
ALGERMISSEN, KONRAD: Nietzsche und das Dritte Reich. Celle 1946
ALLEMANN, BEDA: Ironie und Dichtung. Pfullingen 1956
ANDLER, CHARLES: Nietzsche und Jacob Burckhardt. Basel 1926
ANDREAS-SALOMÉ, LOU: Lebensrückblick. Hg. E. PFEIFFER. Zürich–Wiesbaden
  1951
ANDRES, STEFAN: Nietzsche vor dem Kassationshof. In: Aufbau, Nr. 4, Ber-
  lin 1948
ANON.: Nietzsche, die jüdische Canaille. In: C-V-Zeitung, Blätter für Juden-
  tum und Christentum, Berlin 1922
ANON.: Nietzsche, die frohe Botschaft des Nationalsozialismus. In: Korre-
  spondenzblatt für den katholischen Clerus Österreichs, Nr. 56, Wien 1937
ANON.: Nietzsches Philosophie unter nationalsozialistischer Blickrichtung.
  In: Mitteilungsblatt des Nationalsozialistischen Lehrer-Bundes, Gauver-
  waltung Tirol-Voralberg, Beilage Nr. 121/1942

ARENDT, HANNAH: Tradition and the modern age. In: Partisan Review, Nr. 21/1954, S. 53–75 [Nietzsche, Marx, Kierkegaard als Endstationen reiner Philosophie]

AUGUSTIN, GÜNTHER: Vom Grundwesen des Menschen. Gedanken Nietzsches über das Selbst. In: Der Volkswart, Nr. 15, Prag 1939

BÄUMLER, ALFRED: Bachofen und Nietzsche. Zürich 1929

BÄUMLER, ALFRED: Nietzsche, der Philosoph und Politiker. Leipzig 1931

BÄUMLER, ALFRED: Nietzsches Stellung zu Aufklärung und Romantik. In: Schweizer Lehrerzeitung, Nr. 76/1931

BÄUMLER, ALFRED: Nietzsche und der Nationalsozialismus. In: Nationalsozialistische Monatshefte, München 1934

BARTHEL, ERNST: Nietzsche als Verführer. Baden-Baden 1947

BARZARDJIAN, R.: Friedrich Nietzsche der große Charlatan. Leipzig 1911

BARZUN, JACQUES: Nietzsche contra Wagner – Darwin, Marx, Wagner; critic of a heritage. New York 1941

BATAILLE, GEORGES: Sur Nietzsche, volonté de chance. Paris 1945

BATAILLE, GEORGES: Sur Nietzsche, volonté de puissance. Paris 1945

BATAULD, GEORGES: L'hypothèse du retour éternel devant la science moderne. In: Revue de Philosophie, Nr. 57/1904

BAUCH, BRUNO: Zu Friedrich Nietzsches Tode. In: Allgemeine deutsche Universitätszeitung, Berlin 1900

BAUMGARTEN, EDUARD: Das Vorbild Emersons im Werk und Leben Nietzsches. Heidelberg 1957

BENN, GOTTFRIED: Nietzsche nach 50 Jahren. In: Das Lot, Nr. 4, Berlin 1950

BENSE, MAX: Die Idee der Naturerkenntnis bei Nietzsche und Kierkegaard. In: Unsere Welt, Nr. 29, Stuttgart 1937

BENZ, ERNST: Nietzsches Ideen zur Geschichte des Christentums. In: Zeitschrift für Kirchengeschichte, Nr. 56, Stuttgart 1937

BENZ, ERNST: Nietzsches Ideen zur Geschichte des Christentums und der Kirche. Leiden 1956

BERTRAM, ERNST: Nietzsches Goethebild. In: Festschrift für Berthold Litzmann. Bonn 1920

BÖCKMANN, PAUL: Die Bedeutung Nietzsches für die Situation der modernen Literatur. In: Deutsche Vierteljahrsschrift für Literaturwissenschaft und Geistesgeschichte, Nr. 27/1953

BRANDES, GEORG: En afhandling om aristokratisk radikalisme. Kopenhagen 1889

BROCK, WERNER: Nietzsches Idee der Kultur. Bonn 1930

BRÖCKER, WALTER: Nietzsche und der europäische Nihilismus. In: Zeitschrift für philosophische Forschung, Reutlingen 1949

BUBNOFF, NICOLAI VON: Nietzsches Kulturphilosophie und Umwertungslehre. Leipzig 1924

BÜSCHER, GUSTAV: Nietzsche, a prophet of dictatorship. In: Contemporary Review, Nr. 149, London 1936

CAMUS, ALBERT: Nietzsche et le nihilisme. In: Les Temps Modernes, Nr. 7/1951 – Wiederabdruck in: L'homme révolté. Paris 1951 – Dt.: Nietzsche und der Nihilismus. In: Der Monat, Nr. 4, Berlin 1951 – Wiederabdruck in: Der Mensch in der Revolte. Hamburg 1953

COHN, PAUL: The Nietzsche movement in England. New York 1918 [Einleitung zu: Nietzsche, Collected works. Bd. 18]

COPLESTON, E.: Friedrich Nietzsche, philosopher of culture. London 1942

CYSARZ, HERBERT: Nietzsche in den Wandlungen der Mit- und Nachwelt. In: Deutsche Vierteljahrsschrift für Literaturwissenschaft und Geistesgeschichte, Nr. 4/1926

CYSARZ, HERBERT: Von Schiller zu Nietzsche. Halle 1928

CYSARZ, HERBERT: Die große Lücke in Friedrich Nietzsches Moralkritik. In: Gemeinschaft und Politik, Nr. 4, Bad Godesberg 1956

DAHMS, WALTER: Die Offenbarung der Musik. Eine Apothese Friedrich Nietzsches. Berlin 1926

DRAIN, HENRI: Nietzsche et Gide. Paris 1933

DREWS, ARTHUR: Nietzsche als Philosoph des Nationalsozialismus. In: Nordische Stimmen, Nr. 4, Leipzig 1934

DYROFF, ADOLF: Was bedeutet Kulturvolk? Nietzsche und der deutsche Geist. 2 Aufsätze. Bonn 1915

FÖRSTER-NIETZSCHE, ELISABETH: Wie der Zarathustra entstand. In: Zukunft, Berlin 1897

FÖRSTER-NIETZSCHE, ELISABETH: Nietzsche und die Franzosen. In: Zukunft, Berlin 1899

FÖRSTER-NIETZSCHE, ELISABETH: Die Krankheit Friedrich Nietzsches. In: Zukunft, Berlin 1900

FÖRSTER-NIETZSCHE, ELISABETH: Der Kampf um die Nietzsche-Ausgabe. In: Zukunft, Berlin 1900

FÖRSTER-NIETZSCHE, ELISABETH: Nietzsches Bibliothek. In: Arthur Berthold, Bücher und Wege zu Büchern. Berlin 1900. S. 427–456

FÖRSTER-NIETZSCHE, ELISABETH: Nietzsches Tod. In: Zukunft, Berlin 1904

FÖRSTER-NIETZSCHE, ELISABETH: Nietzsche und sein Verkehr. In: Der Zeitgeist, Beilage zum Berliner Tageblatt, Nr. 40, 3. Oktober 1904

FÖRSTER-NIETZSCHE, ELISABETH: Nietzsche-Legenden. In: Zukunft, Berlin 1905

FÖRSTER-NIETZSCHE, ELISABETH: Das Nietzsche-Archiv, seine Freunde und Feinde. Berlin 1907

FÖRSTER-NIETZSCHE, ELISABETH: Friedrich Nietzsche und die Kritik. In: Morgen, Wochenschrift für deutsche Kultur, Berlin 1907, S. 488–493

FÖRSTER-NIETZSCHE, ELISABETH: Mitteilungen aus dem Nietzsche-Archiv. Weimar 1908

FÖRSTER-NIETZSCHE, ELISABETH: Nietzsche im Kriege 1870. In: Der neue Merkur, Nr. 1, München 1914

FÖRSTER-NIETZSCHE, ELISABETH: Wagner und Nietzsche zur Zeit ihrer Freundschaft. München 1915

FÖRSTE-NIETZSCHE, ELISABETH: Der Hymnus an das Leben. In: Das Inselschiff, Nr. 1, Leipzig 1920

FÖRSTER-NIETZSCHE, ELISABETH: Friedrich Nietzsche und die Frauen seiner Zeit. München 1935

FREYER, HANS: Nietzsche. In: Die großen Deutschen. Bd. 4. Berlin 1935

GAST, PETER: Nietzsche und Brahms. In: Zukunft, Berlin 1897

GAST, PETER: Grabrede auf Nietzsche. In: A. Schröder, Ewiges Gedächtnis. Hamburg 1939

GAULTIER, JULES DE: De Kant à Nietzsche. Paris 1900

GIDE, ANDRÉ: Nietzsche. In: Gide, Morceaux choisies. Paris 1935. S. 171–184

GLUM, FRIEDRICH: Nietzsche, Hitler und die deutsche Jugend. In: Religion und Weltanschauung, Nr. 10, Rosenheim 1955

GRØNBECH, VILHELM: Ivar Kreuger og Nietzsche. In: Atombomben og andre essays. Kopenhagen 1957

GUNDOLF, ERNST, und KURT HILDEBRANDT: Nietzsche als Richter unserer Zeit. Breslau 1923.

GÜNTHER, JOACHIM: Elisabeths Wille zur Macht?. In: Neue deutsche Hefte, Berlin 1957

GÜRSTER, EUGEN: Nietzsche und die Musik. München 1929

HARTMANN, EDUARD VON: Unterhalb und oberhalb von Gut und Böse – Nietzsches neue Moral. In: Ethische Studien, Leipzig 1898

HEIDEGGER, MARTIN: Nietzsches Wort «Gott ist tot». In: Heidegger, Holzwege. Frankfurt a. M. 1950. S. 193–247

HEIDEGGER, MARTIN: Wer ist Nietzsches Zarathustra?. In: Heidegger, Vorträge und Aufsätze. Pfullingen 1954. S. 101–126

HEIMSOETH, HEINZ: Macht und Geist in Nietzsches Geschichtsphilosophie. Köln 1938 (Kölner Universitäts-Reden. 35)

HELLER, ERICH: Jacob Burckhardt und Nietzsche. In: Heller, Enterbter Geist. Essays über modernes Dichten und Denken. Frankfurt a. M. 1954

HELLER, ERICH: Nietzsche und Goethe. In: Heller, Enterbter Geist. Essays über modernes Dichten und Denken. Frankfurt a. M. 1954

HELLER, ERICH: Rilke und Nietzsche. Mit einem Diskurs über Denken, Glauben und Dichten. In: Heller, Enterbter Geist. Essay über modernes Dichten und Denken. Frankfurt a. M. 1954

HESSE, HERMANN: Zarathustras Wiederkehr. Ein Wort an die deutsche Jugend. Berlin 1919 – Wiederabdruck in: Krieg und Frieden. Zürich 1946

HEYSE, HANS: Kant und Nietzsche. In: Kant-Studien, Nr. 42, Berlin 1942–1943

HILDEBRANDT, KURT: Wagner und Nietzsche. Ihr Kampf gegen das XIX. Jahrhundert. Breslau 1924

HILDEBRANDT, KURT: Gesundheit und Krankheit in Nietzsches Leben und Werk. Berlin 1926

HILDEBRANDT, KURT: Nietzsches Kampf mit Sokrates und Plato. Heidelberg 1928

HILDEBRANDT, KURT: Friedrich Nietzsche und das deutsche Reich. Ein Beitrag zur Beurteilung von Nietzsches Wirkung auf das Volk. In: Kieler Blätter, Nr. 2/1939

HILLEBRAND, BRUNO: Artistik und Auftrag. Zur Kunsttheorie von Benn und Nietzsche. München 1966 (sammlung dialog. 7)

HORKHEIMER, MAX: Bemerkungen zu Jaspers' Nietzsche. In: Zeitschrift für Sozialforschung, 1937

HOWALD, ERNST: Friedrich Nietzsche und die klassische Philologie. Gotha 1920

JASPERS, KARL: Nietzsche und das Christentum. Hameln 1947

JOEL, KARL: Nietzsche und die Romantik. Jena 1929

JUNG, C. G.: Nietzsches Geburt der Tragödie. In: Jung, Psychologische Typen. Zürich 1920. S. 183–196

JUNG, EDGAR J.: Die Herrschaft der Minderwertigen, ihr Zerfall und ihre Ablösung durch ein neues Reich. Berlin 1927

JÜNGER, FRIEDRICH GEORG: Nietzsche. Frankfurt a. M. 1949

KAUFMANN, WALTER: Nietzsches theory of values. Harvard 1947 (Diss.)

KAUFMANN, WALTER: Philosophie, Dichtung, Humanität. Essay. In: Offener Horizont. Festschrift für Karl Jaspers. München 1953. S. 368–382

KERÉNYI, KARL: Bachofen und die Zukunft des Humanismus. Mit einem Intermezzo über Nietzsche und Ariadne. Zürich 1945

KLAGES, LUDWIG: Die psychologischen Errungenschaften Nietzsches. Leipzig 1926

KRÖKEL, FRITZ: Europas Selbstbesinnung durch Nietzsche. Ihre Vorbereitung bei den französischen Moralisten. Berlin 1929

KRÖKEL, FRITZ: Nietzsche-Diskussion in Frankreich. In: Welt und Wort, Nr. 5, Tübingen 1950

KÜHN-FROBENIUS, LEONORE: Das Individuum im Weltbild Goethes und Nietzsches. Bremen 1948

LANDMANN, MICHAEL: Geist und Leben. Varia Nietzscheana. Bonn 1951
LESSING, THEODOR: Schopenhauer – Wagner – Nietzsche. Einführung in moderne deutsche Philosophie. München 1906
LITT, THEODOR: Nietzsche und die Philosophie des «Lebens». In: Handbuch der Philosophie. München 1931
LÖWITH, KARL: Nietzsches Philosophie der ewigen Wiederkunft des Gleichen. Berlin 1935
LÖWITH, KARL: Von Hegel bis Nietzsche. Zürich 1941
LÖWITH, KARL: Friedrich Nietzsche. In: Die großen Deutschen. Bd. 3. 1956
LÖWITH, KARL: Gott, Mensch und Welt in der Metaphysik von Descartes bis zu Nietzsche. Göttingen 1967
LUKÁCS, GEORG: Nietzsche als Vorläufer der faschistischen Ästhetik. In: Internationale Literatur – Deutsche Blätter, Moskau 1934 – Wiederabdruck in: Beiträge zur Geschichte der Ästhetik. Berlin 1954
LUKÁCS, GEORG: Der deutsche Faschismus und Nietzsche. In: Internationale Literatur – Deutsche Blätter, Moskau 1943 – Wiederabdruck in: Volk und Vaterland, Kriegsgefangenenzeitung der Bewegung Freies Deutschland für den Westen, Paris 1945 – In: Lukács, Schicksalswende. Beiträge zu einer neuen deutschen Ideologie. Berlin 1948
LUKÁCS, GEORG: Nietzsche als Begründer des Irrationalismus der imperialistischen Periode. In: Die Zerstörung der Vernunft. Der Weg des Irrationalismus von Schelling zu Hitler. Berlin 1955. S. 244–317
MANN, HEINRICH: Nietzsche. In: Maß und Wert, Nr. 2, Zürich 1939
MANN, THOMAS: Betrachtungen eines Unpolitischen. Berlin 1918
MANN, THOMAS: Nietzsches Philòsophie im Lichte unserer Erfahrung. Berlin 1948
MANN, THOMAS: Rede gehalten zur Feier des 80. Geburtstages Friedrich Nietzsches. In: Mann, Altes und Neues. Frankfurt a. M. 1953. S. 275–279
MARCEL, GABRIEL: De Kierkegaard à Nietzsche et à Heidegger. In: Marcel, L'homme problem éthique. Paris 1955. S. 135–143
MARCUSE, LUDWIG: Was Nietzsche a nazi?. In: American Mercury, Nr. 59, Dezember 1944
MARCUSE, LUDWIG: Nietzsche in Amerika. In: Neue Schweizer Rundschau, Nr. 18, Zürich 1950
MARTIN, A. V.: Nietzsche und Burckhardt. 3. Aufl. München 1945
McGOVERN, WILLIAM: From Luther to Hitler, the history of fascist-nazi political philosophy. New York 1941
MEHRING, FRANZ: Nietzsche gegen den Sozialismus. In: Die Neue Zeit, Nr. 15/1897
MEYSENBUG, MALWIDA VON: Der Lebensabend einer Idealistin. Berlin 1898
MUCKLE, FRIEDRICH: Friedrich Nietzsche und der Zusammenbruch der Kultur. München 1921
MÜLLER-FREIENFELS, RICHARD: Nietzsche und der Pragmatismus. In: Archiv für Geschichte der Philosophie, Nr. 26, Berlin 1913
NAUMANN, GUSTAV: Zarathustra-Kommentar. 4 Tle. Leipzig 1899–1901
NIGG, WALTER: Friedrich Nietzsche 1844–1900. Bern–Leipzig 1946
NIGG, WALTER: Prophetische Denker. Zürich 1957
OEHLER, ADALBERT: Nietzsches Mutter. München 1940
OEHLER, MAX: Mussolini und Nietzsche. Ein Beitrag zur Ethik des Faschismus. 1930
OEHLER, MAX: Nietzsches angebliche polnische Herkunft. In: Ostdeutsche Monatshefte, Nr. 18/1938
OEHLER, MAX: Nietzsches Ahnentafel. Weimar 1938

OEHLER, MAX: Nietzsches Bibliothek. 14. Jahresgabe der Gesellschaft der Freunde des Nietzsche-Archivs. Weimar 1942

OEHLER, MAX: Nietzsche in Pforta. In: H. GEHRING (Hg.), Schulpforta und das deutsche Geistesleben. Darmstadt 1943

OEHLER, RICHARD: Nietzsches Verhältnis zur vorsokratischen Philosophie. Halle 1903 (Diss.)

OTTO, WALTER F.: Der junge Nietzsche. (Vortrag.) Frankfurt a. M. 1936

OVERBECK, FRANZ: Selbstbekenntnisse. Basel 1941

PODACH, ERICH F.: Nietzsches Zusammenbruch. Heidelberg 1930

PODACH, ERICH F.: Gestalten um Nietzsche. Weimar 1932

PODACH, ERICH F.: Der kranke Nietzsche. Briefe seiner Mutter an Franz Overbeck. Wien 1937

PODACH, ERICH F.: Friedrich Nietzsche und Lou Salomé. Ihre Begegnung 1882. Zürich 1938

PODACH, ERICH F.: Friedrich Nietzsches Werke des Zusammenbruchs. Heidelberg 1961

PÜTZ, PETER: Friedrich Nietzsche. Stuttgart 1967 (Sammlung Mezler. 62)

PRINZHORN, HANS: Nietzsche und das XX. Jahrhundert. Heidelberg 1928

PRZYWARA, ERICH: Um das Erbe Friedrich Nietzsches. In: Schweizer Rundschau, Nr. 25/1925

REINHARDT, KARL: Nietzsches Klage der Ariadne. 1936

REININGER, ROBERT: Friedrich Nietzsches Kampf um den Sinn des Lebens. Der Ertrag seiner Philosophie für die Ethik. Wien 1925

RITSCHL, OTTO: Nietzsches Welt- und Lebensanschauung in ihrer Entstehung und Entwicklung dargestellt und beurteilt. Freiburg i. B. 1897

ROHDE, ERWIN: Friedrich Nietzsches Geburt der Tragödie aus dem Geiste der Musik. [Rezension.] In: Norddeutsche Allgemeine Zeitung, 26. May 1872 – Wiederabdruck in: Kleine Schriften. Bd. 2. Tübingen 1902

ROHDE, ERWIN: Afterphilologie. Sendschreiben eines Philologen an Richard Wagner. Leipzig 1872

ROSENBERG, ALFRED: Friedrich Nietzsche. München 1944

RUSSELL, BERTRAND: Power, a new social analysis. New York 1941

RUSSELL, BERTRAND: Nietzsche. In: Russell, History of western philosophy. S. 760–773

SALIN, EDGAR: Vom deutschen Verhängnis. Gespräch an der Zeitenwende: Burckhardt – Nietzsche. Hamburg 1959 (rowohlts deutsche enzyklopädie. 80)

SANTAYANA, GEORGE: Egotism. In: German philosophy. New York 1916

SCHENCK, ERNST VON: Die historische Existenz in Nietzsches Anschauung. In: Jahrbuch der schweizerischen philosophischen Gesellschaft, Nr. 5, Basel 1954

SCHESTOW, LEO: Dostojewski und Nietzsche. Philosophie der Tragödie. Berlin 1928

SCHILLING, KURT: Nietzsches Schicksal und Werk. In: Archiv für Religionswissenschaft, Nr. 36, Leipzig 1940

SCHLECHTA, KARL: Der Fall Nietzsche. München 1959

SCHLECHTA, KARL, und ANNI ANDERS: Nietzsche: Von den verborgenen Anfängen seines Philosophierens. Stuttgart 1965

SCHOEPS, HANS-JOACHIM: Gestalten an der Zeitenwende: Burckhardt – Nietzsche – Kafka. Berlin 1936

SCHÖLLGEN, WERNER: Nietzsche und die christliche Ordnung der Werte. In: Magazin der Pädagogik, 1938

SCHOTTLAENDER, RUDOLF: Two dionysians: Emerson and Nietzsche. In: South Atlantic Quarterly, Nr. 39 (Juli 1940)

Schubart, Walter: Dostojewski und Nietzsche. Luzern 1939

Schütz, Oskar: Friedrich Nietzsche als Prophet der deutschen Jugendbewegung. In: Neue Jahrbücher für Wissenschaft und Jugendbildung, Nr. 5, Berlin 1929

Schweitzer, Albert: Schopenhauer und Nietzsche. In: Kultur und Ethik. Kulturphilosophie. T. 2. München 1923

Shaw, George Bernard: Nietzsche in English. In: Saturday Review, 11. April 1896

Simmel, Georg: Schopenhauer und Nietzsche. Leipzig 1907

Spittel, Carl: Meine Beziehungen zu Nietzsche. München 1908

Steinbüchel, Theodor: Die Philosophie Friedrich Nietzsches, ihre geistesgeschichtliche Situation, ihr Sinn und ihre Wirkung. In: Zeitschrift für deutsche Geistesgeschichte 1937

Strindberg, August: Tschandala. Stockholm 1897

Struve, Wolfgang: Die neuzeitliche Philosophie als Metaphysik der Subjektivität. Interpretationen zu Kierkegaard und Nietzsche. In: Symposion, Nr. 1, Freiburg i. B. 1949 [Hab. Freiburg i. B. 1948]

Thirring, Hans: Anti-Nietzsche, Anti-Spengler. Gesammelte Aufsätze und Reden zur demokratischen Erziehung. Wien 1947

Tillich, Paul: Nietzsche and the bourgeois spirit. In: Journal of the history of ideas, New York 1945

Vaihinger, Hans: Nietzsche als Philosoph. Berlin 1902

Valéry, Paul: Quatre lettres au sujet de Nietzsche. In: Cahiers de la quinzaine. Bd. 18. Paris 1927

Vermeil, Edmond: Nietzsche und Frankreich. In: Antares, Nr. 2, Baden-Baden 1954

Vermeil, Edmond: Das Problem der Dekadenz und der Regeneration. Goethe und Rousseau, Richard Wagner und Nietzsche. Stuttgart 1954

Vetter, August: Nietzsche. München 1926

Voegelin, Eric: Nietzsche, the crisis and the war. In: Journal of Politics, Nr. 6/1944

Wackernagel, Peter: Nietzsche als Musiker. In: Kunst der Nation. Berlin 1934

Wenzl, Aloys: Nietzsche – Versuchung, Verhängnis und Aufgabe. Berlin 1950/51 (Philosophische Studien. 2)

Wilamowitz-Moellendorff, Ulrich von: Zukunftsphilologie. Eine Erwiderung auf Friedrich Nietzsches «Geburt der Tragödie». Berlin 1872

Wilamowitz-Moellendorff, Ulrich von: Zukunftsphilologie. Eine Erwiderung auf die Rettungsversuche für Friedrich Nietzsches «Geburt der Tragödie». Berlin 1873

Wolff, Julius: Zur Genealogie des Nietzscheschen Übermenschen. In: Veröffentlichungen der Deutschen Akademischen Vereinigung zu Buenos Aires 1900

Würzbach, Friedrich: Die Wandlung der Deutung Nietzsches. In: Blätter für deutsche Philosophie, Berlin 1930

Würzbach, Friedrich: Nietzsche und das deutsche Schicksal. In: Reclams Universum, Nr. 14, Leipzig 1931

Zweig, Stefan: Der Kampf mit dem Dämon. Hölderlin, Kleist, Nietzsche. In: Zweig, Die Baumeister der Welt. Bd. 2. Leipzig 1925

Nachtrag zur Bibliographie

1. Hilfsmittel, Bibliographien

DAVIES, RICHARD D.: Nietzsche in Russia. 1892–1917. A preliminary bibliography. P. 1. In: Germano-Slavica (Waterloo, Ont.) 1976, H. 2, S. 107–146 P. 2. In: Germano-Slavica 1977, H. 3, S. 201–220

GABEL, GERNOT U.: Friedrich Nietzsche. Leben und Werk im Spiegel westeuropäischer Hochschulschriften 1900–1975. Eine Bibliographie. Hamburg 1978

KRUMMEL, RICHARD F.: Nietzsche und der deutsche Geist. Ausbreitung und Wirkung des Nietzscheschen Werkes im deutschen Sprachraum bis zum Todesjahr des Philosophen. Ein Schrifttumsverzeichnis der Jahre 1867–1900. Berlin 1974 (Monographien und Texte zur Nietzsche-Forschung. 3)

MÜLLER-LAUTER, WOLFGANG (Hg.): Aneignung und Umwandlung. Friedrich Nietzsche und das 19. Jahrhundert. Berlin 1978 (Nietzsche-Studien. 7)

MÜLLER-LAUTER, WOLFGANG, und GERHARD, VOLKER: Aufnahme und Auseinandersetzung. Friedrich Nietzsche im 20. Jahrhundert. Berlin–New York 1982

SCHLECHTA, KARL: Nietzsche-Chronik. Daten zu Leben und Werk. München 1975 (Reihe Hanser. 198)

STEFANI, MANUELA ANGELA: Nietzsche in Italia. Rassegna bibliografica 1893–1970. Assisi 1975 (Politica e società. 6)

Nietzsche-Studien. Internationales Jahrbuch für die Nietzsche-Forschung. Hg. von MAZZINO MONTINARI u. a. Bd. 1 f. Berlin 1972 f

2. Einführungen, Gesamtdarstellungen und -deutungen

ALTHAUS, HORST: Friedrich Nietzsche. Eine bürgerliche Tragödie. München 1985

FINK, EUGEN: Nietzsches Philosophie. 4. Aufl. Stuttgart–Berlin–Köln–Mainz 1979 (Urban Taschenbücher. Bd. 45)

FREY, JULIUS: Armer Nietzsche. Annäherung an seine Philosophie. Frankfurt a. M. 1987

GUZZONI, ALFREDO (Hg.): 90 Jahre philosophische Nietzsche-Rezeption. Königstein 1979

HOLINGDALE, R. J.: Nietzsche. The Man and his Philosophy. London 1985

JANZ, CURT P.: Friedrich Nietzsche. Biographie in 3 Bänden. München 1978–79

KAULHAUSEN, MARIE-HED: Nietzsches Sprachstil. Gedeutet aus seinem Lebensgefühl und Weltverhältnis. München 1977

MÜLLER-LAUTER, WOLFGANG: Nietzsche. Seine Philosophie der Gegensätze und die Gegensätze seiner Philosophie, Berlin 1971

RIES, WIEBRECHT: Friedrich Nietzsche. Wie die «wahre Welt» endlich zur Fabel wurde. Hannover 1977 (Philosophische Kompendien. 1)

PICHT, GEORG: Nietzsche. Stuttgart 1988

ROSS, WERNER: Der ängstliche Adler. Friedrich Nietzsches Leben. Stuttgart 1980

SALAQUARDA, JÖRG (Hg.): Nietzsche. Darmstadt 1980 (Wege der Forschung. 521) [Nebst Bibliographie]

VOLKMANN-SCHLUCK, KARL HEINZ: Leben und Denken. Interpretation zur Philosophie Nietzsches. Frankfurt a. M. 1968

Nietzsche aujourd'hui? Centre culturel international de Cerisy-la-Salle. Vol. 1. 2. Paris 1973

Literaturmagazin. 12. Sonderband: Nietzsche. Reinbek 1980 (das neue buch. 135)

3. Einzeluntersuchungen

ABEL, GÜNTER: Die Dynamik des Willens zur Macht und der ewigen Wiederkehr. Berlin 1984

ALWAST, JENDRIS: Logik der dionysischen Revolte. Nietzsches Entwurf einer aporetisch dementierten «kritischen Theorie». Meisenheim am Glan 1975 (Monographien zur philosophischen Forschung. 133)

ANGLET, KURT: Zur Phantasmagorie der Tradition. Nietzsches Philosophie zwischen Historismus und Beschwörung. Würzburg 1989

BALKENOHL, MANFRED: Der Antitheismus Nietzsches. Fragen und Suchen nach Gott. Eine sozialanthropologische Untersuchung. München 1976 (Abhandlungen zur Sozialethik. 12)

BALMER, HANS P.: Freiheit statt Teleologie. Ein Grundgedanke von Nietzsche. Freiburg i. B. 1977 (Symposion. 55)

BENNHOLDT-THOMSEN, ANKE: Nietzsches «Also sprach Zarathustra» als literarisches Phänomen. Eine Revision. Frankfurt a. M. 1974

BLUDAU, BEATRIX: Frankreich im Werk Nietzsches. Geschichte und Kritik der Einflußthese. Bonn 1979 (Studien zur Literatur der Moderne. Bd. 5)

BOENING, THOMAS: Metaphysik, Kunst und Sprache beim frühen Nietzsche. Berlin 1988

BRANDL, HORST: Persönlichkeitsidealismus und Willenskult. Aspekte der Nietzsche-Rezeption in Schweden. Heidelberg 1977 (Skandinavistische Arbeiten. 3)

BRANN, HENRY WALTER: Nietzsche und die Frauen. 2. verb. u. erw. Aufl. Bonn 1978 (Abhandlungen zur Philosophie, Psychologie und Pädagogik. Bd. 136)

BRIDGWATER, PATRICK: Kafka und Nietzsche. Bonn 1974 (Studien zur Germanistik, Anglistik und Komparatistik. 23)

BRIDGWATER, PATRICK: Nietzsche in Anglosaxony. A study of Nietzsche's impact on English and American literature. Leicester 1972

DELEUZE, GILLES: Nietzsche und die Philosophie. München 1976

DJURIC, MIHAIL (Hg.): Kunst und Wissenschaft bei Friedrich Nietzsche. (Kongreßdokumentation: Nietzsche zum Verhältnis von Wissenschaft und Kunst. Dubrovnik 1985) Würzburg 1986

DONELLA, BRENDAN: Nietzsche and the French Moralists. Bonn 1982

DRESLER-BRUMME, CHARLOTTE: Nietzsches Philosophie in Musils Roman «Der Mann ohne Eigenschaften». Frankfurt a. M. 1987

FIGL, JOHANN: Interpretation als philosophisches Prinzip. Friedrich Nietzsches universale Theorie der Auslegung im späten Nachlaß. Berlin–New York 1982

FISCHER-DIESKAU, DIETRICH: Wagner und Nietzsche. Der Mystagoge und sein Abtrünniger. Stuttgart 1974

FLEITER, MICHAEL: Wider den Kult des Realen. Die Kritik des werdenden Nietzsche am gründerzeitlichen Kulturbetrieb. Königstein 1984

FUNKE, MONIKA: Ideologiekritik und ihre Ideologie bei Nietzsche. Stuttgart–Bad Cannstatt 1974 (Problemata. 35)

GILMAN, SANDER L.: Nietzschean parody. An introduction to reading Nietzsche. Bonn 1976 (Studien zur Germanistik, Anglistik und Komparatistik. 38)

GOEDERT, GEORGES: Nietzsche, critique des valeurs chrétiennes. Souffrance et compassion. Paris 1977

GOTH, JOACHIM: Nietzsche und die Rhetorik. Tübingen 1970 (Untersuchungen zur deutschen Literaturgeschichte. Bd. 5)

GRAU, GERD-GÜNTER: Ideologie und Wille zur Macht. Zeitgemäße Betrachtungen über Nietzsche. Berlin–New York 1984

GRIMM, RÜDIGER H.: Nietzsche's theory of knowledge. Berlin 1977 (Monographien und Texte zur Nietzsche-Forschung. 4)

HEBER-SUFFRIN, PIERRE: Le Zarathoustra de Nietzsche. Paris, Press Univers. de France 1988

HELLER, PETER: Probleme der Zivilisation. Versuche über Goethe, Thomas Mann, Nietzsche und Freud. Bonn 1978 (Modern German studies. 3)

Von den ersten und letzten Dingen. Studien und Kommentar zu einer Aphorismenreihe von Friedrich Nietzsche. Berlin 1972 (Monographien und Texte zur Nietzsche-Forschung. Bd. 1)

HILLEBRAND, BRUNO: (Hg.): Nietzsche und die deutsche Literatur. Bd. 1. 2., München 1978 (Deutsche Texte. 50. 51.)

HINA, HORST: Nietzsche und Marx bei Malraux. Tübingen 1970 (Forschungsprobleme der vergleichenden Literaturgeschichte)

HOLZ, HANS H.: Die abenteuerliche Rebellion. Bürgerliche Protestbewegungen in der Philosophie: Stirner, Nietzsche, Sartre, Marcuse, Neue Linke. Darmstadt 1976 (Philosophische Texte. 5)

HOULGATE, STEPHEN: Hegel, Nietzsche and the Criticism of Metaphysics. Cambridge Univ. Press 1986

JANZ, KURT PAUL: Die Briefe Friedrich Nietzsches. Textprobleme und ihre Bedeutung für Biographie und Doxographie. Zürich 1972 (Basler Beiträge zur Philosophie und ihre Geschichte. Bd. 6)

JOOS, ERNEST: Poetic Truth und Transvaluation in Nietzsches Zarathustra. New York 1987

JOOS, WALTER: Die desparate Erkenntnis. Ein Zugang zur Nihilismusproblematik bei Friedrich Nietzsche. Bern 1983

KÄMPFERT, MANFRED: Säkularisation und neue Heiligkeit. Religiöse und religionsbezogene Sprache bei Friedrich Nietzsche. Berlin 1971 (Philologische Studien und Quellen. 61)

KLOSSOWSKI, PIERRE: Nietzsche und der circulus vitiosus deus. München 1986

KOESTER, PETER: Der sterbliche Gott. Nietzsches Entwurf übermenschlicher Größe. Meisenheim am Glan 1972 (Monographien zur philosophischen Forschung. Bd. 103)

KOHLER, JOACHIM: Friedrich Nietzsche und seine verschlüsselte Botschaft. Nördlingen 1989

KOKEMOHR, RAINER: Zukunft als Bildungsproblem. Die Bildungsreflexion des jungen Nietzsche. Ratingen–Kastellaun–Düsseldorf 1973

KUNNE-IBSCH, ELRUD: Die Stellung Nietzsches in der Entwicklung der modernen Literaturwissenschaft. Tübingen 1972 (Studien zur deutschen Literatur. Bd. 33)

LAMBRECHT, LARS: Intellektuelle Subjektivität und Gesellschaftsgeschichte. Grundzüge eines Forschungsprojekts zur Biographie und Fallstudie zu Friedrich Nietzsche und Franz Mehring. (Diss.) Frankfurt a. M. 1985

LOVE, FREDERICK R.: Nietzsche's Saint Peter. Genesis and cultivation of an illusion. Berlin 1981 (Monographien und Texte zur Nietzsche-Forschung. 5)

MEGILL, ALLAN: Prophets of Extremity: Nietzsche, Heidegger, Foucault, Derrida. Univ. of California Press, Berkely 1985

MOST, OTTO J.: Zeitliches und Ewiges in der Philosophie Nietzsches und Schopenhauers. Frankfurt a. M. 1977 (Studien zur Philosophie und Literatur des 19. Jahrhunderts. 33)

NESSLER, BERNHARD: Die beiden Theatermodelle in Nietzsches «Geburt der Tragödie». Meisenheim am Glan 1972 (Deutsche Studien. Bd. 20)

ODUEV, STEPAN F.: Auf den Spuren Zarathustras. Der Einfluß Nietzsches auf die bürgerliche deutsche Philosophie. Berlin 1977

O'FLAHERTY, JAMES C. (Hg.): Studies in Nietzsche and the classical tradition. 2. ed. Chapel Hill 1979 (University of North Carolina studies in the Germanic languages and literatures. 85)

PFEIL, HANS: Von Christus zu Dionysos. Nietzsches religiöse Entwicklung. Meisenheim am Glan 1975

REBOUL, OLIVIER: Nietzsche critique de Kant. Paris 1974 (Le philosophe. 113)

REICHERT, HERBERT W.: Friedrich Nietzsche's impact on modern German literature. 5 essays. Chanel Hill 1975 (Studies in German language and literatures. 84)

ROETTGES, HEINZ: Nietzsche und die Dialektik der Aufklärung. Berlin 1972 (Monographien und Texte zur Nietzsche-Forschung. Bd. 2)

ROHRMOSER, GÜNTER: Nietzsche und das Ende der Emanzipation. Freiburg i. B. 1971 (Rombach Hochschul Paperback. Bd. 21)

RUPP, GERHARD: Rhetorische Strukturen und kommunikative Determinanz. Studien zur Textkonstitution des philosophischen Diskurses im Werk Friedrich Nietzsches. Bern 1976 (Europäische Hochschulschriften. Reihe 1, 140)

SANDVOSS, ERNST: Hitler und Nietzsche. Göttingen 1969

SCHIPPERGES, HEINRICH: Am Leitfaden des Leibes. Zur Anthropologie und Therapeutik Friedrich Nietzsches. Stuttgart 1975

SCHMIDT, HERMANN JOSEF: Nietzsche und Sokrates. Philosophische Untersuchungen zu Nietzsches Sokratesbild. Meisenheim am Glan 1969 (Monographien zur philosophischen Forschung. Bd. 59)

STAMBAUGH, JOAN: Nietzsche's Thought of eternal return. Baltimore 1972

STERN, JOSEF PETER: Nietzsche. Die Moralität der äußersten Anstrengung. Köln-Lövenich 1982

SUGARMAN, RICHARD I.: Rancor against time. The phenomenology of «ressentiment». Hamburg 1980

TAURECK, BERNHARD: Nietzsche und der Faschismus. Nietzsches politische Philosophie und die Folgen. Hamburg 1989

THATCHER, DAVID S.: Nietzsche in England. 1890–1914. The growth of a reputation. Toronto 1970

THIEL, MANFRED: Nietzsche. Ein analytischer Aufbau seiner Denkstruktur. Heidelberg 1980

ULRICH, HANS G.: Anthropologie und Ethik bei Friedrich Nietzsche. Interpretationen zu Grundproblemen theologischer Ethik. München 1975 (Beiträge zur evangelischen Theologie. 68)

VALADIER, PAUL: Nietzsche et la critique du christianisme. Paris 1974 (Collection «Cogitatio fidei». 77)

VERRECCHIA, ANACLETO: Zarathustras Ende. Die Katastrophe Nietzsches in Turin. Wien 1986

WALTER, RUDOLF: Friedrich Nietzsche, Jugendstil, Heinrich Mann. Zur geistigen Situation der Jahrhundertwende. München 1976 (Münchner germanistische Beiträge. 17)

WILCOX, JOHN T.: Truth and value in Nietzsche. A study of his metaethics and epistemology. Ann Arbor 1974

WURZER, WILLIAM S.: Nietzsche und Spinoza. Meisenheim am Glan 1975 (Monographien zur philosophischen Forschung. 141)

NAMENREGISTER

Die kursiv gesetzten Zahlen bezeichnen die Abbildungen,
die hochgestellten Ziffern verweisen auf die Fußnoten

ÜBER DEN AUTOR

Ivo Frenzel (geb. 1924) studierte Philosophie und Soziologie bei Nicolai Hartmann und Helmuth Plessner in Göttingen, war überwiegend als Lektor, Wissenschaftredakteur und Verlagsleiter tätig, ist Honorarprofessor an der Staatlichen Hochschule für Musik und Theater in Hannover, wo er als freier Publizist lebt. Philosophische Veröffentlichungen u. a. über René Descartes, Ernst Bloch, Martin Heidegger.

QUELLENNACHWEIS DER ABBILDUNGEN

Bildarchiv Preußischer Kulturbesitz, Berlin: Umschlag-Vorderseite, 8, 26, 34, 35, 46, 47, 124, 129 / Ullstein Bilderdienst, Berlin: 6, 13/14, 19, 29, 39, 44, 60, 67, 84/ 85, 105, 109, 110/111, 117, 130 / Aus ‹Friedrich Würzbach, Nietzsche (Propyläen Verlag, Berlin 1942)›: 9, 17, 24, 42 oben, 80, 82, 102, 113, 118 / Rowohlt-Archiv, Reinbek bei Hamburg: 10, 11, 21, 30, 31, 36, 51, 52, 65, 93, 101, 123, Umschlag-Rückseite / Historia-Photo, Hamburg: 12, 37, 99 / Bildarchiv der Österreichischen Nationalbibliothek, Wien: 22, 32/33, 68, 133 / Süddeutscher Verlag, Bild-Archiv, München: 42 unten, 62, 72, 77, 78/79, 87 / Aus ‹Olympia, aufgenommen von Walter Hege, bearbeitet von Gerhard Rodewaldt›: 49 / British Museum, London: 54 / Internationale Bilder Agentur, Zürich: 56, 71, 96, 107 / Archiv für Kunst und Geschichte, Berlin: 59, 74/75, 132 / Photo Hans Steiner, St. Moritz: 95 / Nietzsche Archiv, Weimar: 98, 128, 131 / Schopenhauer-Gesellschaft, Frankfurt am Main: 115

rowohlts monographien
Begründet von Kurt Kusenberg, herausgegeben von Wolfgang Müller.

Eine Auswahl:

Theodor W. Adorno
dagestellt von Hartmut
Scheible
(400)

Hannah Arendt
dargestellt von Wolfgang
Heuer
(379)

Aristoteles
dargestellt von J.-M. Zemb
(063)

Ludwig Feuerbach
dargestellt von Hans-Martin
Sass
(269)

Johann Gottlieb Fichte
dargestellt von Wilhelm G.
Jacobs
(336)

Immanuel Kant
dargestellt von Uwe Schultz
(101)

Konfuzius
dargestellt von Pierre Do-
Dinh
(042)

Karl Marx
dargestellt von Werner
Blumenberg
(076)

Platon
dargestellt von Gottfried
Martin
(150)

Karl Popper
dargestellt von Manfred
Geier. Erhältlich ab September '94
(468)

Jean-Paul Sartre
dargestellt von Walter Biemel
(087)

Max Scheler
dargestellt von Wilhelm
Mader
(290)

Rudolf Steiner
dargestellt von Christoph
Lindenberg
(500)

Max Weber
dargestellt von Hans Norbert
Fügen
(216)

Der Wiener Kreis
dargestellt von Manfred Geier
(508)

Ein Gesamtverzeichnis der
Reihe *rowohlts monographien* finden Sie in der
Rowohlt Revue. Jedes
Vierteljahr neu. Kostenlos.
In Ihrer Buchhandlung.

rowohlts monographien
Begründet von Kurt Kusen-
berg, herausgegeben von
Wolfgang Müller.

Eine Auswahl:

Augustinus
dargestellt von Henri Marrou
(008)

Martin Buber
dargestellt von Gerhard Wehr
(147)

Buddha
dargestellt von Volker Zotz
(477)

Franz von Assisi
dargestellt von Veit-Jakobus
Dieterich. Erhältlich ab
Februar '95
(016)

Ulrich von Hutten
dargestellt von
Eckhard Bernstein
(394)

Jesus
dargestellt von David Flusser
(140)

Johannes der Evangelist
dargestellt von Johannes
Hemleben
(194)

Johannes XXIII.
dargestellt von
Helmuth Nürnberger
(340)

Martin Luther King
dargestellt von Gerd Presler
(333)

Meister Eckhart
dargestellt von Gerhard Wehr
(376)

Mohammed
dargestellt von
Émile Dermenghem
(047)

Moses
dargestellt von André Neher
(094)

Paulus
dargestellt von
Claude Tresmontant
(023)

Albert Schweitzer
dargestellt von
Harald Steffahn
(263)

Paul Tillich
dargestellt von Gerhard Wehr
(274)

Simone Weil
dargestellt von
Angelika Krogmann
(166)

Ein Gesamtverzeichnis der
Reihe *rowohlts mono-
graphien* finden Sie in der
Rowohlt Revue. Jedes Viertel-
jahr neu. Kostenlos. In Ihrer
Buchhandlung.

rowohlts monographien
Begründet von Kurt Kusenberg, herausgegeben von Wolfgang Müller.

Eine Auswahl:

Konrad Adenauer
dargestellt von Gösta von Uexküll
(234)

Günther Anders
dargestellt von Elke Schubert
(431)

Otto von Bismarck
dargestellt von Wilhelm Mommsen
(122)

Willy Brandt
dargestellt von Carola Stern
(232)

Che Guevara
dargestellt von Elmar May
(207)

Heinrich VIII.
dargestellt von Uwe Baumann
(446)

Adolf Hitler
dargestellt von Harald Steffahn
(316)

Iwan IV. der Schreckliche
dargestellt von Reinhold Neumann-Hoditz
(435)

Karl der Große
dargestellt von Wolfgang Braunfels
(187)

Kemal Atatürk
dargestellt von Bernd Rill
(346)

John F. Kennedy
dargestellt von Alan Posener
(393)

Mao Tse-tung
dargestellt von Tilemann Grimm
(141)

Josef W. Stalin
dargestellt von Maximilien Rubel
(224)

Claus Schenk Graf von Stauffenberg
dargestellt von Harald Steffahn
(520)

Die Weiße Rose
dargestellt von Harald Steffahn
(498)

rowohlts monographien

Ein Gesamtverzeichnis der Reihe *rowohlts monographien* finden Sie in der *Rowohlt Revue*. Jedes Vierteljahr neu. Kostenlos. In Ihrer Buchhandlung.